JN079373

キャンプセラピーの実践

発達障碍児の自己形成支援

坂本昭裕

Akihiro Sakamoto

道和書院

はじめに

本書は，キャンプをセラピーとして活用し，発達障碍児への効果を検証することを試みたものである。大方の人は，キャンプと聞けば，今流行のレジャー・レクリエーションのような気晴らしや楽しみを想像するかもしれない。それは，ごく自然なことであろう。しかし，もともとキャンプはラテン語のCampusに由来する「平原」「広い場所」を意味する単語だった。そのような広い場所で兵隊たちが訓練をしていたので「野営する場」あるいは「軍事演習する場」を意味するようになり，「兵が共に生活をしながら訓練をする場」からさらに「仲間と共同生活をする場」という意味で使われるようになったとされる（日本野外教育研究会，1989）。今日キャンプは，自然の中でテントやキャビンなどで生活し，野外活動をすることを意味しており，仲間や家族で楽しむレジャー・レクリエーションキャンプから，学校，青少年団体，社会教育施設などによる教育キャンプまで，多様なねらいや形態で実施されている。参加者は幼児から青少年，高齢者まで広範な年齢層に及ぶ。

一方で，肢体不自由・脳性麻痺などの身体障碍，自閉症・知的障碍などの発達障碍，あるいは不登校，非行少年などのさまざまな問題を抱える青少年を対象としたキャンプも行われるようになってきた。とりわけ，わが国の青少年教育では，不登校や発達障碍の青少年の問題が大きく取り上げられるようになり，このような問題の対応策として，キャンプが期待されるようになっている（文部科学省，2015）。それはキャンプの体験が，「心理治療的な効果を持ちうる場」として有意義であることが経験的に認識されはじめているからであろう。しかし，キャンプが不登校や発達障碍などの青少年の発達にどのように貢献するのかについて検証した研究は未だ多くない。発達障碍児への対応は教育現場の大きな課題となっており，どのようにして彼らの育ちを支援するかはさまざまな議論がある。

発達障碍児は，学童期，青年期と進むにつれて定型発達児（いわゆる健常児）との成長のあり方にも差異が目立ってくる。身体をコントロールする力，仲間を作る力，自己を把握する力，あるいは学力などさまざまな面で違いが見られるようになる。これらは人の自己を基盤として育まれる力と考えられるが，どのようにしてこのような自己を育むことができるであろうか。

定型発達児であれ，発達障碍児であれ，人の自己は，社会的な相互作用のなかで育まれてゆくと考えられる。特に青年期においては，たとえば「自分とは何者か？」「自分とはどういう存在なのか？」という自分自身への問いかけを発端に，自己を他者との社会的な関係性においてとらえようとする。それが，「自己」の発達段階における一般的な傾向の1つとされている。当然ながら，発達障碍児もまた社会的な存在であり，成長速度の個人差はあるかもしれないが，人との関係を生きることを通じて自己形成の過程を経ているのではないだろうか。

山上（2014）は，発達障碍児の支援について，発達特性を尊重した配慮や，今ここでの適応スキルの獲得にむけた支援と併せて，対人関係を深め，相互性を育て，他者と共にあることを楽しむことができる場の提供が必要であると述べている。そう考えると，キャンプは，発達障碍児を支援するセラピーの場として大きな可能性があるように思われる。本書で検討するキャンプセラピーは，複数年にわたって実施した小学生から高校生を対象にした異なる2つである。メインプログラムの長さ（17泊18日，12泊13日）やプログラムの内容は，それぞれ違いはあるものの，いずれもウィルダネス・セラピー・プログラム（WTP）型のキャンプセラピーである。筆者のキャンプセラピーでの役割は，主に心理士としてクライエントを見立て，評価することと，キャンプカウンセラーやスタッフをスーパーバイズすることであった。キャンプセラピーには，複数の発達障碍児が含まれていたが，分析にあたっては，数年にわたって実施し得られた資料をまとめ検討した。詳細については，第４章，第５章を参照していただきたい。以下では，各章の構成と内容について簡単に説明しておきたい。

第Ⅰ部（第１～３章）は，発達障碍児を対象にしたキャンプセラピーの意義と可能性，アメリカにおけるキャンプセラピー（WTP型キャンプ）のモデルと理論，キャンプセラピーについてのこれまでの研究成果，そしてわが国の取り組み等について論じる。

第Ⅱ部（第４～６章）では，キャンプセラピーが発達障碍児の自己に及ぼす効果について数量的に検討する。

第４章では，発達障碍児のみを対象に自己概念に及ぼす効果について検討する。発達障碍には下位分類が存在し，それぞれ示す特徴が異なっている。例えば，ASD（Autism Spectrum Disorder）では，社会性やコミュニケーションが苦手でこだわりに特徴がある。ADHD（Attention-Deficit Hyperactivity Disorder）では，多動性や衝動性に特徴があると言われている。この章では，発達障碍のうちASDの特徴を強く示す児童生徒とADHDの特徴を強く示す児童生徒を分類し，自己概念に及ぼす効果の違いについても検討を行う。第５章では，キャンプセラピーを実践し，定型発達児との比較から発達障碍児の自己概念に及ぼす効果と特徴を検討する。

上記第４・５章では，キャンプセラピーにおける「客体的自己」，すなわち自分自身への自己概念に及ぼす効果を検討することになる。しかしながら，キャンプセラピーが発達障碍児の自己形成に及ぼす効果について明らかにするためには，自己の主体的な側面から明らかにする必要もある。自己には，「主体的自己」，つまり自我機能の側面もあり，客体的自己は，主体的自己の発達によって影響を受けることが指摘されているからである（高石，2020）。したがって第６章では，中井（1970）の風景構成法（Landscape Montage Technique; LMT）と呼ばれる描画法の構成型（高石，1996）を用いて，キャンプセラピーに参加した発達障碍児の自我機能レヴェルの特徴と自我機能に及ぼす影響について明らかにする。この両面からのアプローチによって，キャンプセラピーの自己に及ぼす効果について検討したい。

一方で，キャンプセラピーのような心理治療的キャンプの効果を考える際には，発達障碍児個人にとっていかなる効果や意味があったのかということの検証をぬきにしては不十分であろう。なぜならば，本書においてキャンプセラピーに参加した発達障碍児は多数いるが，抱えている問題や課題は，類似している発達障碍児はいても，やはりそれぞれが違っており，それゆえプログラムの効果や意味も異なっている。このようなことから，第Ⅲ部（第7～9章）では，個性記述的なアプローチから事例研究を行い，自己形成に関する実践的知見を導き出すことを目指す。この第Ⅲ部が本書の要ともいえる。各章の3つの事例から，キャンプセラピーの実際をより深く理解できるだろう。そして最後の第10章では，キャンプセラピーを実践するための課題について述べたい。

キャンプセラピーは，わが国では未だ決して一般的とはいえず，発達障碍児をいかに支援するかということについても疑問点や課題が山積している中で，臨床経験が充分ではなく，ましてや発達障碍児の専門家でない筆者が何かものを言うことは，いささかおこがましいことと思う。しかしながら，本書は，これまで筆者が実践してきたキャンプセラピーの実際と，それを通じて得られた知見をまとめ，できうる限りそれに即して，発達障碍児の自己形成に及ぼす効果について考察したのもである。発達障碍児の支援に関わる方々にぜひご一読いただき，今後の活動に資するものとなれば幸いである。

目次

第Ⅲ部　質的研究
——キャンプセラピーの事例研究　175

キャンプセラピーの実践

発達障碍児の自己形成支援

第Ⅰ部

キャンプセラピーとは何か

発達障碍児への自己形成支援

第 1 章

発達障碍児への支援とキャンプセラピー

1　自己形成を支えるということ

(1) 発達障碍児への支援

まずは，ある発達障碍[(1)]の女性が自分の子ども時代を綴った物語の冒頭を引用することから始めたい。以下の引用は，彼女が少女時代の成長過程を振り返り，自己の内面について思慮深く簡潔に語ったものである。

(1)　本書において対象者となる発達障碍児童生徒とは，キャンプセラピーを遂行することが可能であると臨床心理士である筆者が判断した知的，身体的，社会的能力を有する児童生徒であり，軽度の発達障碍を有する児童生徒を指す。しかし，本書ではすべて発達障碍児と表記することにする。かつては，知的な遅れを伴わない高機能自閉症，アスペルガー症候群，学習障碍，注意欠如多動性障碍などを，知的障碍が軽度である，という意味で軽度発達障碍と称することがあった。しかし，知的な遅れがない人の中にも，その他の部分で重篤な困難さをもっている場合があり，そのことから，「障碍そのものが軽度」と誤解される可能性を危惧して，最近では軽度発達障碍という用語は，あまり使われなくなっている。また，本書では，引用や論文名など変更できない箇所を除き「発達障害」ではなく「発達障碍」と表記した。その理由は，発達障碍の漢字の使用については，「障害」の示す意味が『害悪』の害を意味するからである。現在，文化審議会国語分科会において，「碍」が常用漢字として登録されることが検討されており，「障害」を「障碍」と表記する。

> これはふたつの闘いの物語である。ひとつは，「世の中」と呼ばれている「外の世界」から，わたしが身を守ろうとする闘い。もうひとつは，その反面なんとかそこへ加わろうとする闘い。どちらも心の内側の，「わたしの世界」の中で繰り広げられた。さまざまな戦線があった。［……］かつてわたしは，自分を「わたし」としてではなく，はるか遠い存在の「彼女」としてしかとらえることのできない人間だった。それが他者に対するこの内なる闘いを通じて，次第に「彼女」から「きみ」に，「きみ」から「ドナ」に，そしてついに「わたし」に，なることができたのだ。（ウィリアムズ，河野万里子訳，1993，p.24，傍点筆者）

上記の引用は，世界で初めて自閉症者の精神世界を内側から描いたドナ・ウィリアムズの手記『Somebody Somewhere』（Williams，1992．邦訳『自閉症だったわたしへ』）にある，彼女自身の語りである。これは自閉症児が，社会において脆弱な自己を守ることがいかに困難であるかということと，また，社会参加への願望をもつ一方で，そのことがいかに大変であるかということを示唆している。そして，成長過程において分断されていた自分自身の統合に日々葛藤しながらも，ついには，自己の統合を果たし得た歓びを素直に表している。

いずれにしても，このドナ・ウィリアムズの語りからは，自閉症などの発達障碍児の成長過程の自己形成が容易くないことが簡単に読み取ることができるであろう。

ドナ・ウィリアムズの手記は，発達障碍者の内面を理解する上において，学術的にも大きな役割を果たしたことは言うに及ばない。しかしながら，未だ発達障碍については原因をはじめとして解明されていないことの方が多く，発達障碍児に対する理解と支援については課題が多い。

わが国では，2005年にようやく発達障碍を持つ者に対する援助等について定めた法律である「発達障害者支援法」が施行され，発達障碍者の定義と社会福祉法制における位置づけを確立し，発達障碍者の援助に道が開かれた。さらに学齢期の発達障碍のある児童生徒を対象にした支援として，2007年に「特別支援教育」が学校教育法の中に位置づけられた。そこでは，障碍のある幼児児童生徒の自立や社会参加に向けた主体的な取り組みを支援するという視点に立ち，児童生徒１人１人の教育的ニーズを把握し，その持てる力を高めるために適切な指導および必要な支援を行うもの（文部科学省，2007）とされ，発達障碍を抱える児童生徒への対応として支援策を講ずることは，今日的な課題となっている。

文部科学省（2012）は，わが国において発達障碍の可能性のある児童生徒が，学級内にどの程度の割合で存在するかについて調査を行っている。その調査では，公立小中学校の通常学級において学習面または行動面において著しい困難を示す児童生徒が6.5％程度の割合で在籍していたことが明らかになっている。この学習面または，行動面に困難を示す発達障碍とは，主に自閉症スペクトラム障碍（Autism Spectrum Disorder；ASD），注意欠如多動性障碍（Attention Deficit / Hyperactivity Disorder；ADHD），学習障碍（Learning Disorder；LD）である。

これら発達障碍は，アメリカ精神医学会編（2014）の診断・統計マニュアルDSM-５では「典型的には発達早期，しばしば小学校入学前に現れ，個人的・社会的・学業あるいは職業的な機能を損なう発達的な欠陥により特徴づけられるものであり，発達的な障害の幅は，学習や実行機能の非常に特殊な制限から社会的スキルや知能の全体的な欠陥まで幅がある」（p.31）と定義されている。つまり，幼少期あるいは児童期からその特徴が出現し，学校生活では人間関係や学習面での気になる行動やつまずきが認められるようになる。

また，発達障碍は障碍が併存することが知られており，ASD，ADHD，LDの３つが重なり合うことが非常に多く（本田，2017），発達障碍児には，それぞれの障碍特性が認められることが少なくない。ASDと診断名を受けている子どもの中には，ADHDの併存を認める場合も多く，その逆の場合もあり得る。いずれにしても，発達障碍児は，定型発達児と比較して，物事のとらえ方や行動の仕方に遅れや違いが認められるため，日常生活に困難がある状態を引き起こすことがあるという点では共通している。

そして何よりも発達障碍児において最も問題になるのは，診断された障碍の中核特性(2)そのものよりは，それら特性によって引き起こされる二次的な障碍であり，学力低下，不登校，ひきこもり，いじめ，非行・犯罪，自尊心の低下などの心理社会的問題である。したがって，発達障碍児においては，このような二次的障碍を引き起こさないように，1人1人のニーズを把握し，その持てる力を高めるように成長・発達を支援してゆくことが必要である。これは，冒頭のドナ・ウィリアムズによって語られているように発達障碍児の自己が脆弱で社会の中にあってとても不安定であることを示していると言える。

(2) 支援方法としてのキャンプセラピー

これまで，わが国における発達障碍児へのセラピー的支援は，主に2つの流れがある。1つは，療育(3)あるいは訓練を中心とするものである。わが国では発達障碍児の支援方法は，療育や訓練を用いることが大勢であると言っても過言ではないであろう。もともと，療育の対象は，脳性麻痺の肢体不自由児であったが，喘息，糖尿病，あるいは，てんかん，知的障碍，自閉症な

(2)　ここで言う中核特性とは，3つの発達障碍を特徴づける基本的な特性を指している。ASDの場合は，①コミュニケーションや相互交流の困難，②こだわりの強さと感覚への特異な反応などである。また，ADHDでは，①不注意，②多動性・衝動性である。さらにLDでは，全般的な知的発達に問題がないにもかかわらず，読む，書く，計算するといった学習技能についていずれか1つ以上が上手くできない。

どすべての障碍児に拡充されてきた。そしてこのような障碍児を支援するYMCAなどの青少年教育団体では，主に健常児を対象に実施していたキャンプ(4)が障碍児においても有意義であろうと考えた。それは，キャンプの有する教育的，健康的，社会的価値が，療育と社会福祉に役立つであろうと思われたからであった（黒木，1994）。

このようなことから，1960年代後半から療育キャンプと称して，発達障碍児を対象に盛んにキャンプが実施され始めた。朝日新聞西部厚生文化事業団は，1969年から1989年まで20年間にわたり自閉症キャンプを実施している。小林・村田（1977）は朝日自閉症キャンプを通じてASDの子どもの生活面や集団生活面の変化があったことを報告している。療育的キャンプは，夏休みなどを利用して，1泊から3泊程度の日程で自治体や青少年教育団体によって今日に至るまで実施されている。この療育的なキャンプのねらいは，リハビリテーションとして，あるいは生活訓練や社会参加（黒木，1994）を通じて，行動面の変化（機能改善）や社会的なスキルを学ぶことなどである。

(3) 「療育」という言葉は，1942年に高木憲次が提唱した概念と言われている。その当時，療育は「現代の科学を総動員して不自由な肢体をできるだけ克服し，それによって復活した肢体の能力そのものをできるだけ有効に活用させ，もって自活の途の立つように育成させること」と定義した。つまり，現在で言えば，リハビリテーションの理念として唱えられたものであった（市川・岡本，2018）。そののちに，高松鶴吉が「療育」の対象をすべての障碍のある子どもに広げて，育児支援の重要性を強調した。「療育」の概念は時代と共に意味合いを変えており，現在では「療育」の枠組みをさらに発展させた「発達支援」という言葉が「療育」と同義として使われている。

(4) 本書においてキャンプとは，組織キャンプ（organized camp）を指している。組織キャンプとは，明確な目標をもち，意図的，計画的に，かつ組織的に行うキャンプである。組織キャンプは，幼児から青少年，そして高齢者までの広範な年齢の人々を対象に実施されている。さらに，肢体不自由，脳性麻痺などの身体障碍，自閉症，知的障碍などの発達障碍，不登校，非行少年などの課題を抱える青少年を対象としたキャンプも行われている。

もう１つのセラピー的支援は，心理的アプローチ[(5)]（臨床心理学的アプローチ）によるものである。当初，発達障碍（特にASD）の原因が母親の育て方やパーソナリティにあると考えられていたことから，母親に対しては自己洞察によるパーソナリティの変容が目指された。また，自閉症児に対しては完全受容や共感的態度によって「閉ざされた心」を開くために（山上，1999），主にロジャーズ（Rogers, C. R.）の来談者中心療法（カウンセリング）やアクスライン（Axline, V.M.）のプレイセラピー，また力動的心理療法が行われた。しかしながら，その後，発達障碍の原因が母親の養育態度にあるわけではなく，中枢神経系の問題であるとされ，認知や言語機能に障碍があると考えられたことによって，カウンセリングや力動的心理療法は，一般的には有効な方法であるとは考えられなくなった。つまり，言葉や象徴を理解する能力の発達なしにこの療法は成立しない（Wing, 1976）と考えられたからであった。

その一方で，応用行動分析学を背景とした行動療法による心理療法が発達障碍児に適用されることが主流になっている。応用行動分析に基づくアプローチでは，発達障碍児の行動上の問題を把握し，改善するために自然科学の諸原理を応用し介入技法を対象児に適用する。その意味では，行動療法に基づくアプローチは，療育と類似していると言えるであろう。今日，発達障碍児の支援サービスとして有名なTEACCHプログラム[(6)]（Treatment and Education of Autistic and related Communication-handicapped CHildren）は，行動療法の考え方に基づく治療教育である（ショプラー，2003）。

しかしながら，近年，発達障碍児には，あまり有力ではないと考えられてきたカウンセリング，遊戯療法や力動的心理療法が見直され始めている。そ

(5)　心理的アプローチとは，精神分析学や分析心理学の理論による心理療法，箱庭療法，遊戯療法，あるいはロジャーズ（1966a）理論によるカウンセリングなどの各種面接方法を指している。また，応用行動分析に基づく行動療法，認知理論に基づく認知療法なども含まれる。

れは，発達障碍の原因が，認知的な障碍というよりも，人との間主観性や相互主体性になんらかの問題があることが，ホブソン（2000）やトレヴァーセンら（2005）によって指摘されたからである。

間主観性とは，あらゆる種類の表出行動を用いて，ある人の感情や意識的目的，考えを，他の人に関連づける心理的活動である。つまり，人間の生活は，意識をもち，感情をもち，意図をもつ人々が有意味な世界への興味を共有しあい，その精神活動を豊かに協力し合うこと，すなわち「間主観性」に立脚している。ホブソンやトレヴァーセンらは，発達障碍児にはこの能力に問題があると指摘したのである。

したがって，もともと心理療法的なアプローチでは，クライエントとカウンセラー間の関係性，あるいは情緒性，すなわち間主観的な関係を形成しながら，クライエントのさまざまな課題解決に向けてセラピーが行われるものであり，このことから，河合（2010）や平井（2016）は，カウンセリングや力動的心理療法によるアプローチが発達障碍児の間主観性や相互主体性の形成に貢献しうることを指摘している。すなわち発達障碍児を援助するカウンセリングや力動的心理療法は，発達障碍児との情緒的関係を大切にし，発達障碍児の気持ちに十分に添うようにし，このことによって人や世界にもっと関わりたいという心が育まれていくことを目指している。

これまで，わが国の発達障碍児を対象にしたキャンプでは，このような来談者中心療法や力動的心理療法など心理的アプローチの考え方に基づくキャンプにおけるセラピー実践はほとんど実施されてこなかった。かつて，不登

(6) 佐々木（2008）によれば，TEACCHプログラムは，米国ノースカロライナ大学で開発され，ノースカロライナ州全体の自閉症者支援プログラムとして発展してきたものであり，「自閉症の人々の生活（学習，余暇活動，就労）ができるだけ自立して活動できるように支援しながら，一般の人たちと共生・共働していくことを目指すものである」とされる。プログラムの特色として，個々の子どもの特性を理解した上で，その子どもが理解しやすい環境を設定するための構造化と呼ばれる方法を用いる点にある。

校児，情緒障碍児を対象に黒田・村田（1970），真仁田・堀内（1973），飯田ら（1990a），飯田ら（1990b），飯田・中野（1992），堀出（2005）によってキャンプが実施され，その成果について報告が行われている。これらのキャンプでは，その一部として，ロジャーズ（1966a）の態度３条件[(7)]による来談者中心療法的な考え方を意図したキャンプカウンセリングあるいは，指導が実践されていた（飯田ら，1990a）。

しかし，当時は発達障碍児へのキャンプは，どちらかと言えば，既述の通り療育を意図したキャンプが主流であったと言えよう。少なくとも，来談者中心療法や力動的な心理療法の理論に基づく発達障碍児の理解やカウンセリングを実践に活かすような治療的キャンプは行われてこなかった。しかしながら，キャンプは，自然の中での小集団での生活体験やスポーツを活用した野外活動を実施することに特徴があり，これらの活動を通して間主観性や相互主体性を育む要素を有している。このような観点に立てば，キャンプは心理的アプローチとしての効果も十分に期待できる。

セラピーとしてのキャンプは，面接室で実施される一般的なカウンセリングや心理療法と異なり，自然環境という非日常においてクライエントとスタッフが24時間生活を共にする生活場面面接（life style interview）の原理を基礎とした，短期宿泊集中集団心理療法という考え方もある（木村，2006）。実際，キャンプには日課などのルールがあり，また，さまざまなスポーツなどの活動プログラムが存在し，集団における教育指導的な側面もあり，そのような場面を活用してカウンセリングを行うこともある。また，キャンプでは，グループ活動の中で，転移感情や行動化が現実的に生じ，そうした人間

(7)　ロジャーズ（1966b）は，治療的人格変化の必要十分条件の中で，治療的な人格変化が起こるために，必要にして十分な条件として，6つの条件を仮説的に提示した。提示された6つの条件のうち，カウンセラーに関わる自己一致すること（genuineness），無条件の肯定的配慮をすること（unconditional positive regard），共感的理解をすること（empathic understanding）は，カウンセラーの態度３条件として，ロジャーズ理論のエッセンスと位置づけられている。

関係における心理力動を治療的に生かすことができる。何よりも，参加する子どもたち同士，あるいはスタッフとの関係性が向上することもある。このような点でキャンプは，集団における心理療法的アプローチとなりうると言えよう。

このように考えるならば，キャンプは教育的アプローチと心理的アプローチの両面を有した発達障碍児の有効な支援策の１つになりうる可能性がある。本書で扱うキャンプセラピー(8)とは，坂本ら（2022a）の説明にならって，「心理学的諸理論と技法を活用しながら，キャンプにおける生活体験や冒険プログラムを通じて，その人の訴える問題の軽減や発展に向けて支援する集団療法」（坂本ら，2022a）と定義しておきたい。なお，冒険プログラムについては後述する。

（3）キャンプセラピーの特徴

わが国の発達障碍児を対象にしたキャンプにおけるセラピーの位置づけは，前節においてそのアプローチの可能性も含めて論じた。しかし実際，わ

(8)　キャンプセラピーは，わが国では心理療法（サイコセラピー）の1つということが可能であろう。キャンプセラピーは本文の定義の通りであるが，組織キャンプとの違いは，そのモデルの違いにある。河合（1992）は，著書『心理療法序説』の中で，セラピーと医学，教育との違いからモデルの違いを説明している。①医学モデル――症状→検査・問診→病因の発見［診断］→原因の除去・弱体化→治癒。②教育モデル――［子どもの］問題→調査・面接→助言・指導による原因の除去→解決。これらのモデルでは，原因を発見し，助言やアドバイスあるいは施術を使って解決する。しかし，心理療法［セラピー］のモデルは，③成熟モデル［セラピー］――問題，悩み→カウンセラーの態度→クライエントの自己成熟過程が促進→解決が期待される，というようにクライエントの成熟を目指している（［　］は筆者による補足）。クライエントという存在に対して，できるだけ開かれた態度で接しクライエントの心の自由なはたらきを妨害しないと同時に，自己の治癒力が引き出される（自己の力で癒してゆく）ことを目指すことをセラピーと呼んでいる。通常の組織キャンプは，教育モデルがほとんどである。詳細は，河合（1992）を参照していただきたい。

が国の療育キャンプの多くは日帰りから3泊程度で行われるもので，相応に療育的な成果をあげている報告がある一方で，期間が短いことが課題として指摘できる。発達障碍児を対象にしたキャンプの資料ではないが，わが国では，不登校児を対象としたキャンプの期間は日帰りから2泊3日の短期間のものである（国立オリンピック記念青少年総合センター，1998）。限られた期間のなかでは，そのプログラム内容も不十分なものにならざるを得ない。すなわち効果も限定的になるであろうことは否めない。

さらに，発達障碍児を対象にしたキャンプの心理的アプローチ，あるいは臨床心理学的アプローチの可能性も論じたが，わが国では，発達障碍児をキャンプにおいて理解，評価，支援する際の心理的アプローチ，すなわち臨床心理学的な考え方に基づいたセラピーとしてのキャンプはほとんど行われていない。言い換えれば，発達障碍児を対象にしたキャンプは少なくないが，セラピーとしてのキャンプは極めて少ないと言えよう。

ところで，キャンプをセラピーとして導入し始めたのはアメリカである（Lowry，1973）。アメリカでは，1950年代後半より心理的な課題を抱える青少年を対象に，冒険的プログラムを中心にした3週間を超える長期セラピープログラムが実践されるようになった。今日では保険診療として財政的援助が行われるプログラムが40％もある（Russell et al. 2000）。このことは，キャンプのセラピーとしての効果がエビデンスとして実証され国家的に認知されていることを示している。

アメリカにおいて，キャンプセラピーが，クライエントの心理的，社会的な面に効果があるものとして注目を得るようになったのは，1960年代に入ってからである。当時，アメリカでは，非行少年たちを安易に施設収容することに対し，犯罪者としてレッテルを貼ることへの懸念や，施設収容が財政的な負担になるなどの批判があった。このような批判からマサチューセッツ州ボストンにあるユースサービス局は，非行少年の施設収容に替わる処遇方法として，冒険教育（adventure education）を実践していたアウトワード・

バウンド（Outward Bound：以下OBと略す）[9]のプログラムを導入した。

Kelly and Baer（1969）は，OBの非行少年プログラムの効果を検証し，自己意識の改善，再犯率の低下，財政的負担の軽減に大きな効果があることを明らかにした。このKelly and Baerの報告以降，全米各地において非行少年へのOBプログラムを活用したキャンプセラピーが実施されるようになった（坂本，2002）。現在もアメリカのキャンプセラピーでは，発達障碍児を含む非行少年を対象にしたプログラムが多く行われているが，これ以外にも，被虐待児，遺児，摂食障害，抑うつなどのさまざまな心の課題を抱える子どもたちを対象にセラピープログラムが行われている（坂本，2016）。このようなキャンプセラピーは，現在アメリカではウィルダネス・セラピー・プログラム（Wilderness Therapy Program）とも呼ばれるようになっており（Berman and Berman，1994；Crisp，1998），野外活動のインストラクター，精神科医，心理師，ソーシャルワーカーなどの多職種のスタッフによって構成され，３週間から５週間程度の長期間にわたって実施されている（坂本，2002）。本書で扱うキャンプセラピーは，このWTP型キャンプセラピーであるが，WTPという言葉はわが国では馴染みにくいと思われるので，短く「キャンプセラピー」と表記する。

このキャンプセラピーの特徴は，孤立的な自然環境のなかでの小集団生活と，冒険的なスポーツを含む野外活動（adventure program：アドベンチャープログラム）である。孤立的な自然環境とは，人里から離れた原生的な自然環境（ウィルダネス）を指し，山岳地帯，海洋，あるいは砂漠などがあげられる。また，冒険的な野外活動とは，原始的なテント生活，エクスペディション（バックパッキングやカヌーでの遠征），ロッククライミング，カヌーな

(9)　アウトワード・バウンド（OB）は，ドイツ生まれの教育者クルト・ハーン（Kurt Hahn）によって設立された冒険教育スクールである。OBプログラムでは，野外体験型の冒険的教育プログラムに取り組み，そこから自己に秘められた可能性や他人を思いやる気持ちなどの豊かな人間性を育むことを目的に活動を行う。

どのスポーツ，ソロ体験（森の中で1人で過ごす活動），社会奉仕も含む。そしてこのようなプログラムのねらいとして，リスクのあるスポーツ体験の過程で生じるストレスや葛藤にクライエントが向き合い，そこで得られる自尊感情や有能感等の自己概念の改善が目指される。さらに，もう1つのねらいとして，小集団で活動する中で社会的なスキルを学ぶなどの社会性の習得を挙げることができる（坂本，2002）。

現在，発達障碍児の社会性の習得は大きな課題となっているが，療育などの領域では，ソーシャル・スキル・トレーニング（Social Skill Training；SST）[(10)]が主流として用いられている。しかし，キャンプセラピーでは，そのあり方が異なっている。SSTは，ややもすれば指導的となり，一方的に子どもたちの変化を求める訓練的な支援になりがちである（浦崎・武田，2017）。このような方法は，合目的的で意味のあることであると思われるが，社会的スキルを教えることだけに重点を置くと，社会的な関係を築くことの重要性が薄れる危険性がある（金・細川，2005）。つまり，発達障碍児の主体的な自己の発達や社会性の獲得の支援に結びつかないものとなってしまう恐れがある。

一方，キャンプセラピーにおける支援のあり方は，日々キャンプの生活やスポーツのインストラクションの中で自然な形で行われる関係発達的支援[(11)]であり，この点がキャンプセラピーの大きな特徴の1つである。これはSSTとは異なり，発達障碍児と他のキャンパーあるいは，キャンプカウンセラーとの対称的な「関係性」による支援である。キャンプセラピーにおいては，例えば，プログラム中に起こる何らかのエピソード（偶発的出来事）をキャンプカウンセラーが安易に一方的に解決することはせずに，じっくり

(10)　ソーシャル・スキル・トレーニング（SST）とは，対人関係上で相互作用に必要な社会生活技能や行動の仕方を「意図的に学習する」ことである。その技法には，例えば，教示，モデリング，リハーサル，フィードバックなどの技法があり，トレーニングによって習得することで集団の中で自分らしく過ごせるようになることを目指している。

見守りながら，むしろエピソードを活用しながら，発達障碍児を含む子どもたちもスタッフも育つという関係の中で発達するようなあり方を重要視している。このようなあり方が，トレヴァーセンら（2005）が述べるような発達障碍児の間主観性を育て，人とつながろうとする動機を育むと思われる。

キャンプセラピーの考え方に基づく実践は，わが国の発達障碍児の支援の方法としては，きわめて目新しい方法であろう。繰り返しになるが，キャンプセラピーの特徴は，人里離れた自然の中での，集団におけるキャンプ生活と冒険プログラムを介在させた体験を治療的に活かす点にある。他方，これまでのわが国の発達障碍児への支援は，医学，心理学に基づく，主に「個人」を対象にした，面接室やプレイルームで行われる方法が主流であった。したがって，キャンプセラピーにおいて「集団」を対象に，自然の中での生活と冒険プログラムによって発達障碍児を支援し，その効果を示すことができるならば，きわめて意義あることであると言えよう。このことは，キャンプのもつ高い可能性を示すことにもなると思われる。

(4) キャンプセラピーが発達障碍児の自己に及ぼす影響

先述の通り，発達障碍児は，その特性と言われる認知的な偏りや間主観性の脆弱性の問題などから対人関係上のつまずきや過剰なストレスを経験することが多いため，その自己形成に困難が生じている。特に，小学校高学年から中学校にかけては，このような特性がさまざまな状況において顕著になる

(11) 鯨岡（2016）によれば，従来の発達観は，子どもという未完成な状態から大人という完成した状態へ，一方向に能力を獲得していくという個体能力主義な見方が主流であったと指摘している。そのような発達観に対し，関係発達論とは，人の育ちを「育てる者－育てられる者」の相互的なやり取りの中で両者ともが変容していく過程として捉えようとする発達観である。筆者が考えるキャンプでの人間関係は，発達障碍児，定型発達児は「育てられ－育ち」，スタッフも「育つ－育てられる」「学ぶ－教える」という関係性において複線的に発達するものと考えている。

ことによって，周囲との違いを認識し，自覚的になることが指摘されており（西田，2014；高岡ら，2019），発達障碍児の自己概念(12)に負の影響を及ぼすことが知られている。

発達障碍児は，学業面での不振や型におさまらないような行動，あるいは，失敗の経験を多くしがちであり，教師や仲間からの注意や叱責を受けやすい。このようなことから，発達障碍児の自己概念は定型発達児に比較して低いことを示す研究がある（Capps et al. 1995；金井・上村，2007；一門ら，2008）。小島（2012）は，発達障碍児と定型発達児の自己理解などの自己概念の違いを指摘し，違いに影響する要因として①重要な他者からの評価，②他者との比較，③理想自己とのギャップ，④実際の失敗・成功経験などを挙げている。したがって，キャンプセラピーにおいても，定型発達児と発達障碍児では有効となる支援のあり方が異なることが推察され，キャンプセラピーにおける発達障碍児の自己概念等の自己に及ぼす効果や特徴を把握することは必要であると思われる。

しかしながら，わが国において発達障碍児を対象にキャンプセラピーが自己に及ぼす影響を検討した研究は未だ行われていない。そこで長期にわたるキャンプセラピーを実施し，それが発達障碍児の自己に及ぼす特徴について検証することは必要であると考えられる。その際に，発達障碍児の質問紙法による自己評価による自己概念（客体的自己）について調べると同時に，自我機能（主体的自己）(13)の側面からも自己を心理臨床的に評価することが必要であろう。それは主体的自己（自我機能）のあり方が，自己概念に影響すると言われており（高石，1996），キャンプセラピーの自己形成に及ぼす影

(12)　榎本（1998）によれば，自己概念は，認知的，情動的，行動的側面を含む比較的包括的な構成概念であり，自己評価や自尊感情はとくに自己概念の評価的側面を意味すると述べている。本書において「自己概念」とは，発達障碍児が自分の能力や身体的特徴などの諸特性に対してもつ，態度，感情や価値観の総称を指している。また，文献引用の関係から「自己意識」という言葉も使用するが，同義として理解し用いている。なお，自己概念という用語の詳細については後述したい。

響を評価する上で，両者を検討することが欠かせないからである。したがって，発達障碍児のような言語表出が苦手な対象に有効である描画法を用いて，キャンプセラピーにおける発達障碍児の自我機能（主体的自己）に及ぼす影響についてもその特徴を明らかにする。

また既述の通り，発達障碍児は，保護者等と情緒的な結びつき（間主観性）をうまく築けず被受容感を得られないことから，保護者からの被受容感を基盤に身につけるはずの社会的スキルが育ちにくいと言われている（トレヴァーセンら，2005）。このようなことから，周囲からわがままあるいは自己中心的と受け取られることも多く，他者に認められ受け入れられる体験が極めて乏しいことが指摘されている（中村ら，2008）。発達障碍児は，同世代の子どもと良い関係を築きそれを積み上げてゆく体験が少なく（金・細川，2005），今日の学校場面においてさえも，社会的スキルを育む機会に恵まれていないのが実情である。したがって，青年期に相応な社会的スキルを身につけていない発達障碍児が多い。そのことが仲間から受容されない要因となっているという報告もある（Parker and Asher，1987）。

このように発達障碍児は，被受容感が脆弱であるために社会的スキルの発達が遅れ，健全な自己概念を育むことに悪循環を招いていることが推察される。この被受容感と社会的スキルの関係については，一般の大学生を対象に

(13)　「主体的自己（I）」とは，感じる自己，自己の存在の感覚，自分という感覚，自己感といったものであり，「客体的自己（me）」とは，認識された自己，自己理解といったものをあらわす（榎本，1998）。自己概念，自己意識などという時の「自己（me）」は，「自我」によって意識された客体としての自分の側面に関することに限定されている。この場合は，数量的に測定可能なものとして捉えることができる。しかしながら，客観的に自己評価を行う主体的自己（I）のあり方は，発達障碍児（個人）のそれぞれの自我機能によって異なる可能性がある。したがって，発達障碍児の自己の側面を自己評価として捉えるだけでなく，主体としての自己（自我機能）の側面との関係から自己を心理臨床的に評価することも重要である。高石（1996）は心的活動の主体として自己（自我）を定義し，風景構成法（LMT）という描画法における構成型の変化から自我機能の検証可能性について明らかにしている。

調査した徳永ら（2013）によれば，被受容感の高い者が社会的スキルも高いと報告されている。しかし，キャンプにおいて発達障碍児を対象にした検証はなされていない。アメリカの非行少年を対象にしたキャンプセラピーでは，クライエントの社会性を高めることが報告されている（Gibson, 1981；Weeks, 1984；Bettmann et al. 2016）。わが国では，青木・永吉（2003）が，児童生徒を対象とした長期キャンプが積極的・主張的かかわりなどの社会的スキルを育むうえで効果があることを明らかにしている。したがって，日・米の先行知見から，発達障碍児のキャンプセラピーにおいては，被受容感を高め，そのことによって社会的スキルを身につけ，さらに自己概念が高まることが仮説として推察される。つまり，キャンプセラピーにおいて，真正な人との関係性を作り，社会的スキルを獲得することができれば，発達障碍児の自己を育む上できわめて意義深いことであろう。

2　本書のねらいと構成

(1) ねらい

以上を踏まえて，本書では，ASD，ADHD，LDなどの発達障碍児を対象にしたキャンプセラピーが発達障碍児の自己形成に及ぼす影響について検討する。

まず，第1に，アメリカにおけるキャンプセラピーが発展した経緯やセラピーの理論的背景について文献から明らかにする。また，アメリカにおけるキャンプセラピーの効果に関する研究とわが国の研究について概観する。

第2に，キャンプセラピーが発達障碍児の自己に及ぼす影響とその特徴について，発達障碍群と定型発達群の違いから明らかにする。発達障碍児の自己概念（客体的自己）は，定型発達児と異なることが指摘されている。そこで，発達障碍児と定型発達児を統合したキャンプセラピーにおける自己概念の変容について，両者の比較から検討する。また，自己概念に影響すると考えられる発達障碍児の被受容感と社会的スキルに着目し，これらの関連性について明らかにする。次に，心理的な課題を抱える生徒を対象にしたキャンプセラピーを実践し，その中から，発達障碍児のみを抽出して自己概念について明らかにする。また，ASDとADHDの自己概念への効果について検証する。

第3に，キャンプセラピーに参加する発達障碍児の自我機能（主体的自己）がどのような発達段階にあり，キャンプセラピーが自我機能に，どのような影響を及ぼすかについて心理臨床領域で使用されている風景構成法（Landscape Montage Technique；LMT）という描画法によって検討する。

第4に，キャンプセラピーに参加した発達障碍児の事例から，いかにキャンプセラピーを体験し自己の変化を示すのかについて提示したい。

そして，最後の第10章では，以上の知見を踏まえ，実践現場への示唆として，キャンプセラピーの課題について述べたい。

（2）検討課題と構成

本書の構成については，「はじめに」で簡単に述べたが，もう少し詳しく本書のねらいを達成するための主な検討課題と構成を説明しておきたい。第2章から第9章までの検討課題は以下の通りである。

まず，第2章では，アメリカにおける心理的な課題を抱える青少年を対象にしたキャンプセラピーとはどのようなセラピーであるか解説する。ウィルダネス（手つかずの自然環境）を活用したセラピーが発展した歴史的経緯，モデルの特徴，治療的要因について，アメリカの先行知見から明らかにする。特に今日のキャンプセラピーのモデルとなったOB（アウトワード・バウンド）の治療的プログラムを紹介し，わが国でセラピーとして実践する際の要点や方法を整理する。

第３章では，キャンプセラピーの効果として，自己概念や社会性に関する効果がアメリカでは多く報告されており，これらについて概観する。次に，わが国においても，教育キャンプが参加者の自己概念や社会性に及ぼす効果が報告されているので，それらも紹介したい。最後に，発達障碍児を対象にしたキャンプ実践に関する先行研究について明らかにし，以降の検討課題の観点を整理する。

第４章では，心理的課題を抱える生徒を対象にキャンプセラピー（臨床群[14]のみの非統合型キャンプセラピー）を実践し，その中から発達障碍児のみを抽出し，自己概念（客体的自己）に及ぼす効果について検討する。また，発達障碍には下位分類が存在し，それぞれ示す特徴が異なっている。例えば，ASDでは，社会性やコミュニケーションが苦手で特有のこだわりを示すことに特徴がある。ADHDでは，多動性や衝動性に特徴があると言われている。この章では，発達障碍のうちASDの特徴を強く示す生徒とADHDの特徴を強く示す生徒を分類し，自己概念に及ぼす効果の違いについても検討を行う。

第５章では，定型発達児と発達障碍児を統合したキャンプセラピー（統合型キャンプセラピー）を実践する。発達障碍児の自己概念は定型発達児に比較して低いと言われており（Capps et al. 1995；金井・上村，2007），キャンプセラピーにおける両者の自己概念のあり方も違いが予想される。したがって，キャンプセラピーにおいて，定型発達児と発達障碍児ではその効果や有効となるカウンセリングの支援のあり方が異なることが予測される。そこで

(14)　ここでは，なんらかの心理的課題を抱える児童生徒たちを「臨床群」と呼ぶことにする。また定型発達児を含まないキャンプセラピーを「非統合型キャンプセラピー」とする。また定型発達児と発達障碍児が一緒に活動するキャンプセラピーを「統合型キャンプセラピー」とする。

この章では，定型発達児との比較から発達障碍児の自己肯定意識（自己概念）に及ぼす効果を検討する。また，発達障碍児は，保護者等と情緒的な結びつき（間主観性）をうまく築けず，被受容感を基盤に身につけるはずの社会的スキルが育ちにくい。このようなことから，キャンプセラピーにおいて発達障碍児の被受容感を高めることによって，社会的スキルを身につけ，さらに自己概念が高まることを仮説としてこれも検証する。

第６章では，キャンプセラピーの発達障碍児に対する自我機能（主体的自己）に及ぼす影響について検討する。第４～５章は，キャンプセラピーにおける，客体的自己，すなわち自分自身への概念に及ぼす影響を検討することになる。しかしながら，自己には，主体的自己（自我機能）の側面もあり，客体的自己は，自我機能の発達によって影響を受けることが指摘されている（高石，2020）。この章では，中井（1970）の風景構成法（LMT）と呼ばれる描画法の構成型（高石，1996）を用いて，キャンプセラピーに参加した発達障碍児の自我機能レヴェルの特徴と発達障碍児の自我機能に及ぼす効果について明らかにする。

そして第７～９章では本書の根幹とも言える章である。キャンプセラピーに参加した発達障碍児の事例を提示する。キャンプセラピーの心理治療的キャンプの効果を考える際には，発達障碍児個人にとっていかなる効果や意味があったのかという検証をぬきにしては不十分である。なぜならば，キャンプセラピーに参加した発達障碍児は多数いるが，抱えている問題や課題は，類似している発達障碍児はいても，やはりそれぞれが違っており，それゆえプログラムの効果や意味も異なっている。おしなべて同じ観点から数量的評価をすることだけでは，個人にとってキャンプセラピーがどのような意義あるいは意味があったかは明らかにならないからである。

したがって，キャンプセラピーに参加した発達障碍児が，さまざまな体験を通していかに仲間たちと関係性を構築し，社会性を獲得し，自己の変化を果たしたかについて，面接やキャンプ中の発話，行動観察から明らかにする必要がある。すなわち，本書では，個性記述的なエスノグラフィックなアプローチから事例研究を行い，キャンプセラピーにおける発達障碍児の自己形成に関する実践知を導き出すことをねらいとする。

もちろん筆者が関わったキャンプセラピーに参加した児童生徒のすべてについて事例を提示することはできないが，本書の主題のねらいに合致する３例を提示して，本章のねらいを達成したいと考えている。

(3) 研究の方法論

各章の課題を検証するために，主に２つの異なる研究方法によってデータを分析する。１つは，質問紙調査から得られた調査対象者の回答を統計的に分析する。すなわち自然科学の方法によって得られる「数量的な分析から得られる知」である。

もう１つは，キャンプセラピーに参加した発達障碍児それぞれの行動や言動など個性記述的に得られる質的データの分析である。これらは，キャンプにおける個人を理解し，意味を見出そうとする事例的アプローチによって得られる「実践的な知」である。以下では，それぞれのアプローチの考え方について説明しておきたい。

統計的アプローチ

今日，心理学に限らず科学的な研究においては，普遍性，論理性，客観性といった研究パラダイムが強固かつ必須の考え方になっている。なぜならこれは，数学的な確率論における自然科学に支えられているものであるからである。統計的な方法においては，母集団に潜在する一般的な傾向を数量的に確認し，個体差を越えた性質について明らかにすることが目的になっている。本書の第３～５章では，このような数量的なエビデンスによって，キャンプセラピーにおける発達障碍児の効果の全般的な傾向について把握することをねらいとしている。本研究では，統計的な有意水準を５％未満とし，さらに有意傾向を10％未満と設定することで，データの解釈を検討する。

事例的アプローチ

キャンプセラピーの効果についてエビデンスを統計的に示すことは，プログラムの全般的な評価には有効と思われる。キャンプによるセラピーの試みをわかりやすく社会的に理解してもらう上で重要なことであろう。しかしながら，筆者はそれだけでは不十分であると考えている。前述の通り，キャンプセラピーの効果を考える際には，クライエント個人にとっていかなる効果や意味があったのかを考察せずにその成果を十分に評価することはできないからである。したがって，キャンプセラピーに参加する発達障碍児１人１人の事例についてデータを収集し詳細に検討する必要がある。その意味で，統計的な方法（自然科学の方法）によって得られる知見とはその研究パラダイムが異なっている。

中村（1992）は，自身の著書である『臨床の知とは何か』のなかで，近代的な知（自然科学の知）との対比から臨床の知（実践の知）の重要性を説きその特徴を説明している。中村によれば，われわれは，近代的な知，すなわち自然科学による知によって，目覚ましい発展を遂げてきた。この発展の基盤となった自然科学の知を導き出すための原理は，普遍性，論理性，客観性という特徴である。しかしながら，この原理を用いて研究することによって，見えなくなってしまったものがあり，それは人間が生きるという，固有で，多義的で，身体性をそなえた行為を伴う「現実」であると指摘している。この観点から，キャンプセラピーという実践に参加している発達障碍児の「現実」の知を得るには，個々の固有な場所や時間のなかで，対象のもつ意味の多義性を十分に考慮に入れながら，事象を捉えることが必要であろう。

統計的アプローチにおいては，普遍性，論理性，客観性というパラダイム（対象との関係を切り離して検討する）を重視してデータを考察するが，事例的なアプローチにおいては，固有性，多義性，主観性というパラダイム（対象である発達障碍児との関係性を考慮して検討する）を重視してデータを考察することとなる。

(4) 概念と用語の整理

ここでは，本書の各章の研究課題のねらいに関連して，使用する用語について整理しておきたい。

発達障碍児童生徒

本書において，対象者となる発達障碍児童生徒とは，キャンプセラピープログラムを遂行することが可能であると臨床心理士である筆者がインテークにおいて判断した知的，身体的，社会的能力を有する小学校５年生から高校生２年生までの児童生徒であり，軽度の発達障碍を有する児童生徒である。かつては，知的な遅れを伴わない高機能自閉症，アスペルガー症候群，学習障碍，注意欠如多動性障碍などを，知的障碍が軽度である，という意味で軽度発達障碍と称することがあった。しかし，知的な遅れがない人の中にも，その他の部分で重篤な困難さをもっている場合があり，そのことから，「障碍そのものが軽度」と誤解される可能性を危惧して，最近では軽度発達障碍という用語は，あまり使われなくなっている。それは，平成19年３月に文部科学省から「軽度発達障害」という表現を，原則として使用しない旨の通達（文部科学省，2007）が出されたからである。

実際，自閉スペクトラム症などでは，障碍の軽重の範囲がきわめて大きい。したがって，このキャンプセラピーには，知的障碍を伴うようなカナータイプ[(15)]などの比較的重いケースは対象には含まれていない。あくまで，プログラムに参加し集団で活動できる児童生徒を発達障碍児と呼んでいる。また，キャンプセラピーに参加する時点において，すでに医療機関において鑑別診断がついている児童生徒も含まれているが，このような児童生徒においても本書では総称して「発達障碍児」と呼ぶことにする。

キャンプセラピー

キャンプセラピーについては，前章において説明したが，さらに詳述しておきたい。野外運動領域では，野外スポーツやキャンプ(16)を始めとした野外活動が実践の対象として含まれる。それらの目的は，主に「競技」「教育」「レクリエーション」「健康・セラピー」の４つの分野に分類される。したがって，本書におけるキャンプセラピーとは，野外運動領域では，健康・セラピーの分野に位置づけることができると言えよう。そして，本書におけるキャンプセラピーは，本章の１-（２）で定義した通り「心理学的諸理論と技法を活用しながら，キャンプにおける生活体験や冒険プログラムを通じて，その人の訴える問題の軽減や発展に向けて支援する集団療法」（坂本ら，2022a）である。そのキャンプセラピーのプログラムは，冒険プログラム（adventure program）である。メインとなるのは，２週間から３週間程度の期間にテントによるキャンプ生活と，マウンテンバイク（MTB），沢登り，カヌー，ロッククライミング，縦走登山などの比較的リスクが含まれる野外活動である。また，キャンプにおけるセラピーとは，このような冒険的体験の処方的な使用のことであり，自然環境の中で行われ，認知，感情，行動レヴェルでクライエントを感覚運動体験（kinesthetically）させるものである（Gass et al. 2020）。さらに，クライエントとの関わりにおいては，ロジャーズ（1966b）の態度３条件（受容，共感，自己一致）を基本にしてカウンセリ

（15） 児童精神科医レオ・カナー（Leo Kanner）によって報告された自閉症児で，カナーの名前をとってカナー型自閉症，カナータイプなどと呼ばれる。自閉症の中で知的障碍を合併する場合を指す用語で，医学的な診断名ではない。

（16） キャンプには，登山，沢登り，ロッククライミング，サイクリング，カヌー，ヨット，スノースポーツなどの野外スポーツがプログラムとしてしばしば用いられる。

ングを行うものである。本書で紹介するのは，期間とプログラム内容の異なる２つのキャンプセラピープログラムである。

自己概念・自己意識（客体的自己）

James（1890）は，自己に「知る自己（self as knower　あるいはI）と「知られる自己（self as knownあるいはMe）の二重性を説いた。前者は，主体的自己と言えるし，後者は客体的自己と言える。今日における自己概念研究あるいは自己意識研究は，主にこの後者を理解しようとするものである。例えば，Damon and Hart（1982）は，自己意識の発達を「身体的自己」「行動的自己」「社会的自己」「心理的自己」と図式化して示した。また，Neisser（1995）では，自己を「生態学的自己」「対人的自己」「拡張的自己」「概念的自己」「私的自己」の５つに分類し，前者２つを主体的自己，後者を客体的自己としている。本書では「自己概念」は，このうちの客体的自己を指し，自己に対する価値づけや自尊心などの評価や認識に関することである。自己概念は，自己イメージ，自己意識などと呼ばれ，自己像が時間や場所を超えて一貫した自分の特徴とみなされるようになると「自己概念（self-concept)」と呼ばれて区別されるべきであるが，実証的な研究では区別されずに用いられることが多い（溝上，2008)。本書においても，自己概念，自己意識，あるいは自己イメージは区別しないで使用したいと考えている。そして本書の研究における自己概念は，自己形成ないし自己実現に関する態度や意欲に焦点を当て自己成長性という概念によって自己の意識を明らかにしようとした「自己成長性検査」（梶田，1980）と，また，平石（1990）の「自己肯定意識」を指している。平石は，Rosenberg（1979）の自己概念を自己肯定意識として捉え，対自己領域と対他者領域の２つに分けて測定しており，本書においてもこれに倣うものである。

自我機能（主体的自己）

自己概念，自己意識，自尊感情などという時の「自己」は，自我によって意識された客体としての自分の側面，すなわちMeに関することに限定されている。この場合は，先述の通り量的に測定可能なものとして捉えることができる。しかしながら，客観的に自己評価を行う主体としての自我のあり方は，発達障碍児のそれぞれの自我機能によって異なる可能性がある。客体的自己と主体的自己は，自己（自我）の異なる側面を示している。したがって，本書では，便宜的に，客体的自己を自己概念・自己意識と呼ぶ。また，主体的自己を自我機能と呼ぶことにしたい。本書の第6章において自我機能を検討するが，自我機能とは，自我の発達，例えば，現実検討能力，現実感覚，感情，衝動の統制などが個々にどの程度適切に働いているかを指している。河合（2010）は，発達障碍児の特徴として「主体（としての自我）の欠如」を指摘している。したがって，発達障碍児の自己の側面を自己評価として捉えるだけでなく，主体としての自我の側面との関係から自己を心理臨床的に評価することも重要である。そこで，本書では，高石（1996）の，風景構成法（LMT）という描画法における構成型の段階の変化から自我機能について検討する。

自己形成

本書における「自己形成」は，前述の客体的自己（自己概念・自己意識）と主体的自己（自我機能）の2つの自己の形成を指している。すなわち，1つは，「わたしは自信がある」「わたしは背が高い」といった自己に対するイメージとしてのMeを取り巻く自己の形成である。もう1つは，「わたしが山を登り」「わたしが言葉を発する」など行為の主体としての〈わたし〉，すなわちIという自己のことを表している。繰り返しになるが，本書では，前者を主に自己概念に関する質問紙の得点から評価することになる。また後者は前述の風景構成法（LMT）の構成型や描画の解釈，キャンプセラピーにおける行動の観察，面接から評価する。すなわち，本書における自己形成は，キャンプセラピーがこの2つの自己に及ぼす効果と特徴から得られる事象を指している。

社会的スキルと社会性

戸ヶ崎・坂野（1997）によれば，社会的スキルの定義にはさまざまなものがあり，その中には，社会的スキルは状況に依存した社会的行動であるといった立場や，一般的なコミュニケーション能力として位置づける立場がある。Gresham（1986）は，前者の立場を取り，社会的スキルについて，①社会的状況において仲間から受け入れられる行動，②強化を受ける確率を最大にし，罰や消去の随伴性を減少させるような状況に依存した社会的行動，③ある状況での重要な社会的結果を予測する社会的妥当性のある行動，と定義している。本書では，このGreshamの考え方に倣って社会的スキル尺度を作成した戸ヶ崎・坂野の知見を参照し，社会的スキルを捉えることとする。なぜならキャンプというある意味非日常的な場面での社会的スキルの適用を考えた場合，状況ごとの行動を測定した方が，対象児が抱える問題を明確にすることができ，適切に評価することが可能になると考えたからである。したがって，本書では，戸ヶ崎・坂野が作成した社会的スキル尺度の「学校における社会的スキル」をキャンプ場面に適用できるように改善した尺度によって社会的スキルを測定し，その得点で社会性を評価する。

一方，児童期から青年期前期の社会性について，遠藤（1990）は，友人概念や友情概念の発達的変化の特徴として，①一時的でこわれやすい関係から持続的関係への変化，②自分の要求満足のために友人が必要だという，功利的・自己中心的な関係から，相互の要求を満足させる互恵的な関係への変化，③いっしょに遊ぶ，何かするという行動的・表面的な関係から，互いの考えや感情を共有する，支え助け合う，相互に尊敬するといった，共感的・人格的・内面的な関係への変化，の3点を挙げている。つまり，「自己」を

「他者」との関係のなかで捉え，「自己」を社会的存在として認知すること（西田，2014）が社会性の要件である。したがって，本書では，発達障碍児のキャンプセラピー中の観察から示される，自己中心性からいくらかでも脱却し，他者との関係形成的な行動や言動なども社会性として理解する。例えば，自分は人から受け入れられている，人とつながれているということに根ざした肯定的感情を指す被受容感や，上述の社会的スキルも，社会性に含まれるものとする。さらに，本書では，臨床心理学の投映法で用いられる風景構成法（LMT）などの描画に示されるイメージのうち心理力動的な観点から，社会性と解釈できるものも取り扱うこととする。

第 2 章

キャンプセラピーとは何か

1 アメリカにおけるキャンプセラピーの発展

まず，アメリカにおいてウィルダネス・セラピー・プログラム（WTP）型キャンプセラピーが発展することになった経緯と，モデルとなったプログラムについて明らかにしておきたい。本書においてはこのWTP型キャンプセラピーを，略してキャンプセラピーと呼んでいる。

アメリカにおいて，初めてキャンプが治療に活用されたのは，1901年にニューヨーク州のマンハッタン東病院での結核患者に対するものであると言われている（Caplan, 1974）。きっかけは，病院が結核患者を他の患者たちから隔離して治療するために，戸外の中庭に設営したテントに宿泊させることを試みたことだった。Lowry（1973）によれば，患者間，あるいは患者と治療者との人間関係なども良くなったことが報告されている。患者たちにとって戸外の新鮮な空気や集団でのテント生活が，身体面の改善と同時に精神面の改善に効果があったと報告されている。この方法は，テントセラピー（tent therapy）と呼ばれ結核患者の治療方法の１つとして知られるようになっていった。その後，ぜんそく患者などに対する試みも行われるようになった。しかし当時，テントセラピーでは，日常とは異なる環境に身を置いて治療する転地療養的な効果，あるいは意義のみが強調されていた。

キャンプによるセラピーが，クライエントの心理的，社会的な面においても，真に効果があるものとして注目を得るようになったのは，1960年代に入ってからである。当時アメリカでは，薬物やアルコール依存，窃盗，暴力などの非行少年が大きな社会問題となっていた。このような少年たちの治療矯正の手段としてキャンプセラピーが行われるようになった。その理由は，安易な施設収容によって，少年に犯罪者というレッテルを貼ることへの懸念や，施設に収容することの財政上の負担から，収容は非人道的であり非効率，非経済的であるという批判が高まったからであった（ローレンス，1999）。このようなことからマサチューセッツ州ボストンにあるユースサービス局（Division of Youth Service）は，施設収容に替わる地域処遇方法[(17)]（community-based treatment）として，冒険的な活動を中心に青少年への教育を実践しているアウトワード・バウンド（Outward Bound；OB）に非行少年を参加させることを検討した。OBは，ドイツ人教育者Kurt Hahn（クルト・ハーン）の教育理念に基づいて設立された世界初の冒険教育機関である（Flavin，1996）。OBでは，参加者が自分の認識している限界を克服し，自己意識を高め，生きてゆくことの学びと達成，習得の感覚を身につけるために，主としてバックカントリー遠征（エクスペディション）に挑戦するものであった。OBのスタンダードモデルは21日間のプログラムであり，山野でのエクスペディションを中心とし，テントによる原始的キャンプ生活，ロッククライミング，ソロキャンプ体験（1人で1泊などの時間を過す体験），社会奉仕活動などから構成されるものであった。

Kelly and Baer（1969）は，OBの非行少年プログラムの効果を調査し，

(17) アメリカにおける少年矯正は，主に少年院を利用する収容型・居住型施設（少年院）と保護観察等のさまざまな形態の非収容型の監督からなっている。ローレンス（1999）によれば，地域処遇方法は，非収容の処遇方法全般を指し，グループホーム，里親宅置，昼間処遇プログラム，サバイバル・ウィルダネス・セラピーであると説明している。

自己意識の改善，再犯率の低下，財政的負担の軽減に効果があることを明らかにした。Kelly and Baerの研究以降，全米各地において非行少年へのキャンプセラピーが実施されるようになった。

現在，犯罪に対しては施設収容という厳罰主義にあるアメリカにあっても，未だに有効な地域処遇方法として認識されており，少年院では，退所するための代替プログラムとしてキャンプセラピーを活用しているケースがある（坂本，2003）。アメリカには，少年院をはじめとして，寄宿型のプログラム，病院でのプログラム，1年近くにわたる長期キャンププログラム，プロジェクトアドベンチャー(18)型のプログラムなどさまざまな野外活動を活用したセラピープログラムが実施されており，500を越えるプログラムが運営されていると言われている（Friese，1996）。その中でもRussell et al.（2000）は，治療を指向するキャンプセラピーについて調査し，思春期の若者が心理的な問題を克服することを支援する38のキャンプセラピーがあることを明らかにし，年間におよそ12,000人のクライエントにサービスを提供していると報告している。

アメリカにおいてこのようなキャンプを活用したセラピーが発展した背景には，広大なウィルダネスと呼ばれる手つかずの自然環境が豊富にあることや，デューイ（John Dewey）の思想に基づく「体験による教育（experiential education）」を重視する考え方の影響が挙げられる。そこにクルト・ハーンの冒険教育の理念が合致し，その実践の効果が高く評価されたことによるものと考えられる。

今日，アメリカのキャンプセラピーでは，素行症（攻撃行動，物の破壊，窃盗，虚言，規則違反），薬物やアルコール依存，またそれに伴う気分障碍，

(18) プロジェクトアドベンチャーはOBの冒険教育の理念と実践を学校教育に持ち込むために生まれた体験教育プログラムである。エレメント（人工的に作られたアドベンチャー施設）と呼ばれる挑戦的課題に短時間（例えば学校の1時限）で取り組むことが特徴であり，OBの冒険教育を構造化していることに特徴がある。

発達障碍等の青少年を対象にしたプログラムが多く行われている。アメリカにおいてこのようなキャンプセラピーが発展した理由として，前述の通りの背景があることは間違いないが，それに加えて問題を抱える青少年の家庭の問題や経済的な貧困層の増加など，文化，社会的な問題が根深く影響していることも無視できないであろう。すなわち，アメリカという国が抱える社会的要因と，そのような社会の中で育つ子どもたちの心理的要因，さらに生物学的な要因（例えば発達障碍）が重なり合うなかで，キャンプセラピーを活用した治療の必然性が生じてきたと言えよう。

このような治療の対象[(19)]となるような青少年の増加に対応するために，アメリカでは，1996年にOutdoor Behavioral Healthcare Council（以下OBHCと略す）が設立された。OBHCのプログラムである，OBHプログラムは，精神保健の専門家の資格を持つ者が，クライエントの治療ニーズを満たすために，キャンプセラピーを用いた治療を実施している（OBHC, 2020）。今日，このOBHCの組織とそのプログラムは，キャンプセラピーの治療水準を引き上げ，青年期のキャンプセラピーの有効性に関する研究を促進し，業界をリードしている。Russell and Hendee（2000）は，OBHの方法が，それまでさまざまな呼ばれ方をしていることを紹介している。例えば，wilderness therapy（Berman and Berman, 1994），therapeutic wilderness camping（Loughmiller, 1965），adventure therapy（Gass, 1993），wilderness adventure therapy（Bandoroff, 1989），wilderness treatment programs（Kimball, 1979），wilderness experience programs（Winterdyk and Griffiths, 1984）などである。多くの理論的な考え方があるため，何がOBHを他の種類のプログラムと区別するのか，実践者，研究者，教育者を混乱させる原因となってきたとRussellらは指摘している。なによりも混乱を助長したのは，他の多くのウィルダネス体験プログラムが，レク

(19) 一般的に，アメリカ社会においては，WTPにおいて治療をうけることは，最後の手段，方法であると考えられている。

リエーション，教育，個人の成長など，異なる目標を含めすべてをセラピーという言葉を用いて，一括りにしてきたことによると指摘されている。しかし，OBHCは，このことの混乱を整理し，臨床的にスーパーバイズされたセラピー，治療活動，野外環境でのプログラムを通じてクライエントの機能不全，または，問題行動を変えることを目的とすることが，すなわちキャンプセラピーであるとした。OBHCによればOBHとは，以下の項目を満たすものであるとされている。

①臨床的評価，治療目標の設定，および体験がもたらす効果的な影響を超えない範囲での効率的な治療コースに必要な十分な期間。

②バックカントリーや自然の中での生活を経験すること。

③治療の過程において，クライエントの参加と責任を積極的かつ直接的に利用すること。

④チームワークと社会的相互作用を育むための継続的なグループ生活と定期的なグループセラピーセッション。

⑤必要に応じて家族療法や個人療法セッションを使用すること。

⑥治療体験の中で有益な要素としてストレス（eustress; the positive use of stress）を積極的に利用することで治療を適切に進展させる冒険体験。

⑦治療プロセスにおいて，実際の自然やメタファーを利用すること。

⑧医療行為をするという高い倫理感。

以上の通り，OBHの専門家は，冒険やウィルダネスでのファシリテーションの訓練だけでなく，心理的な治療技法や介入について教育を受けることが必要である。Russell and Hendee（2000）は，「心理療法の理論と実践の統合」こそが，OBHプログラムと他の非治療的なウィルダネスプログラムとの違いであると述べている。Russell and Farnum（2004）は，キャンプセラピーのプロセスの３つの治療的な特徴を以下の３点にまとめている。すなわち，ウィルダネス（手つかずの自然）を活用すること，身体的自己の形成，社会的自己の形成を挙げている。ウィルダネスは手つかずの自然環境に浸ること，身体的自己の形成とは身体活動の効果を意味し，社会的自己の形成とはグループとの交流や社会機能の向上を意味する。これらの３つは，OBHの主な効果として指摘されている。今日，アメリカにおいてOBHは，プライマリーケア，二次ケアを提供するために行われる医療と認識されており，代替のインターメディエイト・ケア・プログラム[20]と見なされ，州および連邦政府の精神保健および物質乱用のパリティ規制[21]に基づいて，保険の全額払い戻しを得ることができると言われている（Outdoor Behavioral Healthcare, 2020）。

アメリカにおいてこのようにキャンプセラピーあるいは，OBHが医療として認知されるまでには，マイケル・ガス（Michael A. Gass）の功績を抜きには語れないであろう。マイケル・ガスは，体験教育協会（Association for Experiential Education；AEE）の治療的アドベンチャー専門グループ（Therapeutic Adventure Professional Group）の専門家養成のために中心となって活動し，さらに全米治療的アウトドアスクール・プログラム協会（National Association for Therapeutic Schools and Programs）のメンバーとして，実践研究ネットワーク（Practice Research Network）を作りキャンプセラピーの治療効果を蓄積し，連邦政府と医学界から医療として有効であると認められるまでに尽力した。ついには，2016年７月，米国病院協会（American Hospital Association）はキャンプセラピーを含むアドベンチャー・セラピー（Adventure Therapy；AT）を有効な治療形態として認め，米国の全米統一請求委員会[22]（National Uniform Billing Committee）はケア

(20) インターメディエイト・ケア・プログラム（Intermediate Care Program：ICP）は，Reuters (2020) によれば，現在一般的に深刻な疾患と診断されている青少年の治療に対処するために設計された施設内の別の住居の場所を含むプログラムである。ICPは，疾患のために機能できない青少年にリハビリテーションサービスを提供する治療共同体である。

(21) 法律によって，保険会社が精神障碍に対しても身体的条件と同じ補償と利益を提供することを要求すること。

のための保険請求コードを制定した（Gass, 2019）。『Adventure Therapy：Theory, Research, and Practice』の共著者であるMichael A. Gass, H. L. Lee Gillis, Keith C. Russelらは，キャンプセラピーが治療としてのセラピーとして認知される項目をあげている。以下の項目は，ATにおいて，キャンプセラピーを医療として定義するための必要な条件としている。これは前述のOBHの条件と重なる項目が含まれている。

①自然をベースにした体験を意図的に利用すること。

②感覚的な動き（kinesthetic movement）と身体的な運動。

③体験的な学習と自然による帰結（natural consequences）を促進するクライエントのための有意義で挑戦的な冒険体験。

④ストレスを積極的に利用すること。

⑤健康的な食事。

⑥スクリーンレスの（映写幕のない）体験。

⑦クライエント自身の治療プロセスへの参加と責任を，積極的かつ直接的に利用すること。

⑧多面的で折衷的なセラピー。

⑨儀式（rituals）と比喩（metaphor）の使用。

⑩マインドフルネスとリフレクションのスキルの実践と開発。

⑪解決志向。

⑫グループセラピーとそのプロセスの治療力の活用。

以上の項目をあげているが，これらが治療的な要素としてすべてを網羅しているとは限らず，今後も議論してゆくことが必要であるが，キャンプセラピーの重要な要素であることには違いないであろうと論じている（Gass et

(22) National Uniform Billing Committeeは，米国の病院，養護施設，ホスピス，在宅医療機関，その他のプロバイダーなどの医療提供者に対する請求で使用されるフォームとコードの統治機関である（https://en.wikipedia.org/wiki/National_Uniform_Billing_Committee, 2020）。

al. 2020)。

繰り返しになるが，OBHにおいて，キャンプセラピーでは，参加者を慣れない野外環境に置き，仲間とのグループ生活，個人やグループでのカウンセリングセッション，教育カリキュラム，火おこしやバックカントリーなどの原始的・野外的スキルの応用など，クライエントの個人的・社会的責任と情緒的成長を育むことで，問題行動に対処することを目的としている(Russell et al. 2000)。

アメリカにおけるキャンプセラピーは高額であり（1日平均325ドルとも言われている)，クライエントの40％が医療保険の適用を受けている。プログラムによってはそれ以上の数のクライエントが保険の適用を受けることが可能なものもある（Russell et al. 2000)。一方，わが国の現状は，アメリカにおけるキャンプセラピーの制度の整備，また資格を保持するキャンプカウンセラーなど，実践環境として遠く及ばない。しかしながら，アメリカ国内におけるキャンプセラピーの制度の発展は，心理的な課題を抱える青少年への効果が確かなものであることの証左であり，わが国においてもきわめて重要な役割を果たすものと考えられる。

2　キャンプセラピーの治療的モデル

本節では，今日の多くのキャンプセラピーのモデルとなったOBプログラムのモデルについて説明する。前節では，アメリカのキャンプセラピーの歴史と現状について解説したが，本節においては，OBによるキャンプセラピーがどのような環境で，どのような考え方に基づいて実践されているかについて，Walsh and Golins（1976）によって示されたOBプロセスモデルについて解説したい（**図2-1**）。

今日の多くのキャンプセラピーは，OBモデルの理念，考え方を基本にし，それを応用して治療的実践が展開されていると言ってよいであろう。

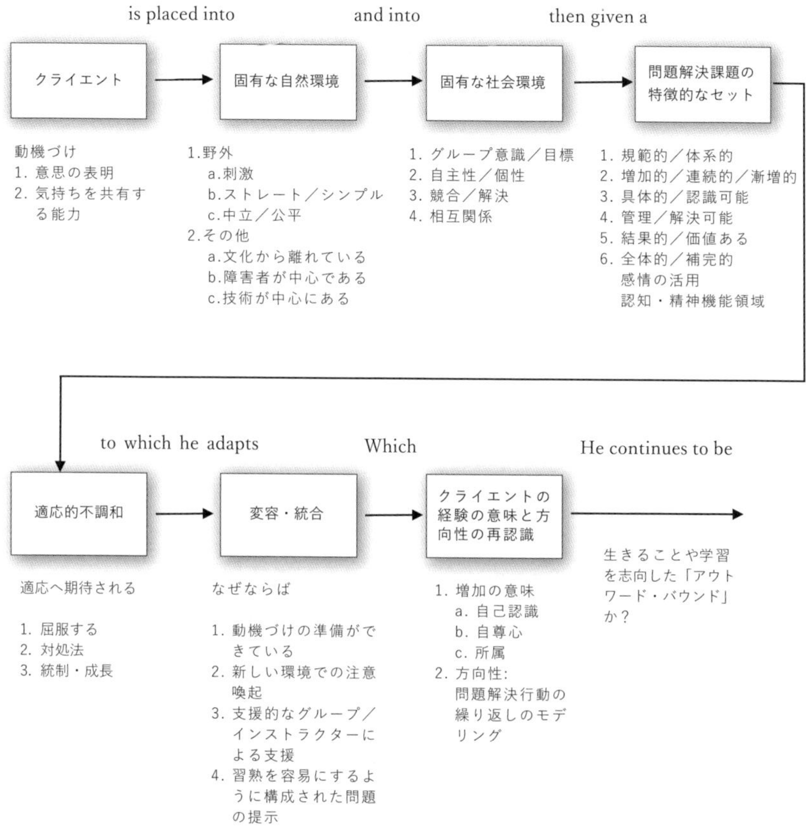

図2-1　アウトワード・バウンド・プロセス (Walsh and Golins,1976)

このプロセスでは，危険性を伴う野外活動を問題解決のプログラムとして自然環境・社会環境の中で設定し，クライエントに実践を促す。その結果，クライエントの人生経験の意味と方向性を再編成するプロセスを図式化している。

(1) クライエントのレディネス

Walsh and Golins (1976) によって構築されたモデル（**図2-1**）の最初の項目は，クライエントの動機づけに関することである。これは高く動機づけられたクライエントは，良い成果が期待できるということである。プログラムがクライエントの変化を決める要因の１つは，自分でプログラムに参加することを決めたかどうかという自己決定である。自己決定は，治療の過程でたとえ外部から促されて参加した場合でも，最終的に自己決定して参加を決めたならば，ポジティブな動機へ変化することが多い。これは，OBのプロセスモデルの重要な要素であり，Walshらによれば，動機づけられたクライエントは，参加することで「変化のための何かがある」と考え，感じ，行動するようになると論じている。

非行少年，不登校，発達障碍児が参加する場合，キャンプセラピーに参加することに抵抗感を持っていることが多く，治療プロセスに参加する意欲が低いことがある。これはアメリカのキャンプセラピーのクライエントの場合かなりの割合を占めていることが報告されている（Russell, 2003)。この点に関して，日本の場合は，確かにプログラムに参加することに抵抗を示すケースはあるが，アメリカに比較して少ないように思われる。いずれにしても，参加することを勧められたり，強制されたりしている場合は，キャンプセラピーのクライエントの多くは治療を受けたいという動機づけが低く，変化したいという意欲も乏しい（Gass et al. 2012)。

筆者の体験では，プログラムの開始時には動機が低いにもかかわらず，キャンプセラピーの体験が進むにつれて，個人の変化を促すような内的な動機が高まることがあると感じている。このことについて，例えばRussell (2008) も同様の見解を示しており，キャンプセラピーに参加した若者の圧倒的多数は，治療の開始時には非常に抵抗感が強くやる気がないが，治療の中盤までには，積極的な関与へと動機が変化していると述べており，同様な見解を指摘している。キャンプセラピーは，基本的に楽しく，クライエントの興味や関心を抱かせるものであり，クライエントにとってプロセスをより魅力的なものにする必要がある。逆に言えば，クライエントにとって，興味関心を抱かせることのないような「楽しくない」キャンプセラピーは，治療的ではないであろう。

Gass et al.（2012）は，青少年の場合は，キャンプセラピー体験において，最初はやる気がみられないかもしれないが，やる気は自然に，そして比較的早期に現れると述べている。クライエントが自分のあり方の方向性について効力感を持ち，自分でコントロールし，自分自身がその力を持っていると信じられるようになることが，クライエントの自己の変化につながると論じている。

(2) 固有な自然環境

OB 体験で使用される自然環境について，Walsh and Golins（1976）は，「クライエントがよく知らないもの」に他ならないと述べている。キャンプセラピーで使用するよく知らないこのような自然環境は，クライエントにとって固有なものとなる。Gillis and Bonney（1986）は，不慣れで新しい環境は，クライエントがグループやキャンプカウンセラーのサポートを通じて，肯定的な方法でそれらに対処するための新しい方法を模索し，適応しようとすると述べている。

つまり，キャンプセラピーが行われるなじみのない環境（例えばロッククライミング，縦走登山，カヌーなど）は，慣れ親しんだパターンを崩しやすく，その環境に適応しようとする内的な動機を生じさせる。このようなクライエントの適応的な動きは，その後の治療プロセスを進展させることが期待できる。自然の中での体験は，徐々に心的防衛を減じ，クライエントの動機を肯定的に変化させるのである（Gass et al. 2012）。

また，キャンプカウンセラーは，経験的によく理解していることであるが，自然環境とは，「中立」で「公平」である。前述のWalshらは，自然の中においては，結果として生じるルールは人為的に作られていないものであって，クライエントは，先入観に関係なく，これら自然のルールを受け入れ，尊重しなければならないと述べている。例えば，ある日に雨が降った場合，自己責任で対処しない限り，自分が雨で濡れることになる。また，薪を濡れないように管理しておかなければ，翌日それは使えないのである。発達障碍を含む課題を抱える青少年にとって，この自然による帰結（natural consequence）は，治療的には重要なポイントとなる（坂本，2003）。それは，自然の帰結によって，クライエントが示す状況にそぐわない行動やこだわり等を，ひとまず中断して考えたり，あるいは行動したりせざるを得ない契機になることがあるからである。このように自然は，時としてクライエントにとって超自我的なもの[(23)]として存在することがある。

しかし，自然の中で行われる野外活動が厳しく，困難なものばかりであっては，クライエントのキャンプセラピーは継続しないであろう。クライエントがその後のキャンプセラピーを継続してゆくための基本的な動因になるように，自然環境と野外活動をマネジメントする必要がある。

また一方で，自然はクライエントにとって，優しく，美しく，崇高なものとして感じられる側面も持ち合わせている。自然はクライエントの感情や感覚を刺激し，一体感を生じさせたり，心地よさや感動で心を揺さぶる存在になる。このような時，自然はクライエントにとって，超越的なものとして存在していると言えるだろう。また，自然はクライエントを穏やかに落ち着か

(23) 超自我とは精神科医であるフロイトが用いた言葉で，通常は，親のしつけなどによって内在化されているものと考えられている。ここでは，自然によって自分自身を客観的に見つめ，自己規律を守る能力や，社会的な規範や道徳に基づく行動を選択する能力を取り入れるものという意味で用いている。

せ，内面的な安定感を醸成することにつながる場合もある。クライエントが自然を通じて感じる感動や一体感は，心理的な回復や自己成長に役立つ。

(3) 固有な社会的環境

キャンプセラピーにおける治療的環境として，グループという社会的環境は，変化のための重要な要因である。Walsh and Golins (1976) の指摘する「10人程度の小集団グループ」は，共通の目的を達成するために一緒に活動する相互依存的な固有な関係であろう。また，Newes and Bandoroff (2004) は，グループプロセスは，相互のサポートやフィードバックを促進し，対人関係を形成する基礎となることを強調している。また，Nadler (1993) は，協力的で安全な社会的環境が治療的変化の鍵であると述べている。このプロセスは，グループにおいて何らかの目的が共有されることが基本にあり，また，グループにおいてコミュニケーションのための時間と機会を確保することが必要となることは言うまでもないであろう。

グループ心理療法の臨床家であり，研究者であるヤーロム (I. D. Yalom) らは，グループのもつ11の治療的要因を示しており，OBプロセスにおいても，その治療的要因は，常に機能している (Gass et al. 2012)。Yalom and Leszcz (2005) が挙げた，グループ集団の持つ以下の治療的要因は以下のようなものである。

（1）**希望をもたらす** (instillation of hope)

「この集まり (集団) に来るとホッとする」「なんだかもう一度やっていけそうな気がする」など，今後に向けて希望が持てるような場を提供すること。集団内のメンバーが回復や成長していく姿を目の当たりにすることで，それを自分自身に置き換えて将来の希望に繋がる。

（2）**普遍的体験** (universality)

グループでの体験によって，自分の問題や悩みが自分ひとりだけのものではないことに気づくこと。人は，こんな体験をしているのは自分だけだろう，という気持ちを大抵の場合持っている。ある意味，それは真実だが，別の見方をすれば，他の人の体験に目を向ける機会や状況がないために，そうなっているということも言える。そういった機会をグループが提供し，自身の体験そのものを見つめなおしたり，孤独が解消されたりする。

（3）**情報の伝達**（imparting information）

カウンセラーやメンバーから，教育的な情報や知識（その人のもつ問題や困難に関する専門的な知識や，社会的な認識や情報など），アドバイスが得られること。

（4）**愛他的体験**（altruism）

グループ内で問題を分かち合い，互いに安心や洞察などを提供して助け合うことが，ほかの人の役に立つという体験になり，自尊心が高まること。自分が誰かの役に立つ，他者にとって必要な人間だと感じることは，その人を豊かで幸せな気持ちにする。

（5）**初期家族関係の修正的繰り返し**（the corrective recapitulation of the primary family group）

家族の力動をグループの中で再体験することによって，子どもの時に家庭内で身につけた認知や行動のパターンについて理解し，修正すること。家族は，人間が最初に所属するグループであるが，残念なことに，それが十分なものでなく，半ば崩壊しているような場合には，そこでの体験は心の傷を伴うものになる。また，家族が十分に機能するグループであったとしても，そこでの体験は，人が外の社会集団（グループ）と関わりを持つ時の基礎となるために，人それぞれの課題が生じ，それを乗り越えていくことが，誰にとっても常に求められる。

（6）**ソーシャルスキルの発達**（development of socializing techniques）

対人的な振る舞い方や，社会生活を送るためのスキルを向上させること。

これは，グループのタイプによって，例えばソーシャル・スキル・トレーニング（Social Skill Training；SST）のように，ロールプレイなどを用いて，スキルの獲得，向上を直接目指すグループもあれば，心理力動的なグループ（キャンプのような関係発達的グループ）のように，より間接的にスキルを学習し，向上させるものもある。後者の場合は，主に，他のメンバーからのフィードバックを通して自らの振る舞いに気づき，その結果としてスキルが向上する，あるいは，他メンバーの振る舞いを見ることを通じて自らのスキルを振り返る，いわゆる「人の振りみて我が振りなおせ」ということになる。

（7）**模倣行動**（imitative behavior）

他のメンバーが自分と同じ問題に取り組んだり，それを乗り越えたり，あるいは自己探求を行ったり，人格が成長するのを観察し，それをお手本にして，自身の知識や技術を延ばしていくこと。

（8）**対人学習**（interpersonal learning）

①対人関係の重要性――グループの中で，自分が他者と関わりあう存在であり，また，そういられること。隔絶されていないという体験ができることが重要である。

②修正情動体験――情動が本来的なあり方で体験されるようになること。例えば，自分に親密になりたいという思いがあり，しかし，そういう思いを受け入れられた体験がないために，親密な関係になりそうになると，逆に相手に怒りを向けて攻撃するといような，ゆがんだ体験になってしまう。そういうものが，グループの中でさまざまに受け入れられて，修正されていく。

③グループは社会の縮図――グループは家族力動だけでなく，さまざまなグループ，例えば，キャンプセラピーのグループや学校などと同様の力動が現れる，いわば社会の縮図といえる場であり，そこでの対人関係を通じて自分に気づくことである。

（9）**グループの凝集性**（group cohesiveness）

違いを認め合いながらグループがバラバラにならないこと。それが受容され理解される体験となり，自分自身をよりよく表現し，探求することができる。これは，単にみんなが同じ気持ちになって一致団結することとは異なる。相手に合わせて，同じ気持ちになって，そうしなければ一緒にいられない，そういったある種の自己犠牲を伴うものではなく，むしろ，互いの違いや個性を認め合い，尊重しながら，それでも違うことによってバラバラにならずに，ある種のまとまりを持って，目標に向かって進めること。

(10) 表現・カタルシス（catharsis）

自らの体験をめぐる強い感情を解放し，安堵の気持ちを得ること。

(11) 実存的体験（existential factors）

自分が関わる現実に，自分が責任を持たなければならないこと。そのことを受け入れることによって他者と共にいることの大切さを実感すること。

以上の要因は，OBのみならずキャンプセラピーの社会的な環境においてもさまざまな状況において治療的に機能しているものと推察される。

Walsh and Golins（1976）は，グループの相互作用を重視し，振り返りの重要性を指摘している。キャンプセラピーでは，日々の活動を行う中で個人が他の個人と協力せざるを得ないことが必然的に生じる。そしてそのような出来事について，日常的なルーティーンとしている振り返りにおいて，メンバーがお互いに気づきが得られるように「シェアリング」することの必要性を述べている。振り返りでは，あらゆる話し合いが可能となる雰囲気が大切である。それぞれのメンバーは，振り返りを通じて，他人と関わり，共感を示し，必要な時には助けを求めることができることを実感することにもなる。すなわち，本来の自分自身を表現する場となりうる。このような場において愛他的体験をし，ソーシャルスキルを向上させ，時に模倣行動などへと発展する契機になる可能性がある。

また，キャンプセラピーが進展するにつれ，クライエントによっては，グループがプログラムの間に家族関係の修正的体験として「キャンプを通じて家族のようになった」と言う者もいるし，また，「本当の仲間ができた」と語る者もいる。非行少年の中には，自分が何者であるかを受け入れられ，健全な家族のように生活し「他のメンバーに思いやりを示すグループの一員になることが許されることを人生で初めて体験した」と語ったクライエントもいる。

また時には，メンバーからのフィードバックや対立さえも，コミュニケーションプロセスの不可欠な部分として機能させることができる。クライエントは，キャンプカウンセラーに守られ，恨みや卑屈さを感じさせない方法で仲間と対立することを対人学習し，グループの凝集性を示すことがある（いつもうまく学ぶとは限らないが）。グループがバラバラにならない程度に，みんなが同じ気持ちになって目的に向かって行動することが大切である。

クライエントは，プログラム前半には，日常の問題や課題を反復するかのようにキャンプセラピー中において表現するが（多くはグループ活動において），プログラムが経過するにつれて，次第にグループのプロセス（グループの心理力動）によって，それまでのあり方から新しい社会的スキルや真の社会性を身につけることになる。

（4）課題解決型の冒険プログラム

Walsh and Golins (1976) は，ロッククライミング，懸垂下降，ソロ体験，キャンプ生活などの冒険プログラムの価値のいくつかの特徴を述べている（**図2-2**）。**図2-1**に示されている通り，発達的および治療的となる効果的なプログラムは，規範的・体系的であること，漸増的であること，具体的で理解しやすい課題であること，解決可能であり，結果がわかりやすいことであるとしている。また，認知，感情，精神機能などすべての能力を用いるような体験であると説明している。

また，Walshらは，冒険プログラムの危険性を参加者が乗り越えることができる程度の課題とすることによって，活動が学びになり，自信になると述べている。つまりクライエントの認知する危険性の負荷あるいは課題が適切である必要性を論じている。

すなわち，冒険プログラムは，その体験がクライエントにとって適切な危険性が感じられるものでなければならない。この適切な危険性が，クライエントが体験する際に，「適応的不調和」を生じさせると述べている。

このような不調和は，クライエントが体験する課題（危険性），ルール，価値観に対処しようとすることで生じるが，クライエントの成長に欠かせないものである。時には，プログラム中に課題に失敗することや消極的になることもありうる。しかしながら，Gillis and Bonney（1986）は，自然環境での冒険プログラムは，クライエントがグループやキャンプカウンセラーのサポートを通じて，肯定的な方法でそれらに対処するための新しい方法を模索し，適応しようとするプロセスを活性化させると述べている。クライエントは，課題（危険性）が適切なものであるならば，キャンプカウンセラーやグループの支援を受けてそれに適応しようと務め，「自己の統制」や「自己の成長」に向かって取り組みを進める。したがって，この「適応的不調和」を生み出すような至適な冒険プログラムの課題（危険性）が設定される必要がある。

ところで，この危険性には，２通りあり，１つは，客観的な危険（real risk）であり，もう１つは，主観的な危険（perceived risk）と呼ばれている

図2-2　管理プログラム図

ものである（Ewert，1989）。クライエントは，後者の危険性に対する恐怖を認知（perceived risk）しつつ体験することになる。他方，体験を与える側は，現実の危険性（real risk）をコントロールし，クライエントの安全性が確保できていなければならない。クライエントの問題解決につながる学びや，達成感や自信は，この至適な主観的な危険性を乗り越えることで生じると考えられている。

さらに，Gass et al.（2012）は，冒険プログラムによる体験は，自己決定力や挑戦する力の基礎を形成するため，このことに関連する３つの心理的特質を知っておく必要があると述べている。それは①有能さ，②関係性，③自律性である。例えば，最初はやらされていたロッククライミングであっても，少しずつ上手になり（有能さ），ビレイヤー（確保者）と一緒にやったり（関係性），好きな岩場を自由に登ることが許されたり（自律性）していくうちに，やりがいを感じ，「自己決定や挑戦する力」へと変容してゆくことになる。キャンプカウンセラーは，このようなクライエントの心理的な特質を把握しつつカウンセリングすることで，クライエントの能力を引き出してゆくことが求められる。

（5）クライエントの成長と冒険体験の意味づけ

ここでは，OBプロセスの最後の段階である自己の成長について説明しておきたい。これは，Walsh and Golins（1976）のモデル（**図２-１**）で説明された最後のプロセスである。クライエントは，OBのプロセスに取り組み，メンバーやキャンプカウンセラーとの相互作用を介して自身の変容を体験する。すなわち，変容とは「人の経験の意味と方向性を再構成」することである。

つまり，クライエントのそれまでの「物語」を改変することであると考えてもよいであろう。長期にわたるプログラムを経て得た，自尊心や自己意識の向上が，プログラム前までの経験の意味を肯定的に変え，その後のあり方を再構成するように変容することである。キャンプカウンセラーは，クライエントの経験の意味や今後の方向性についてたずね，「語りに耳を傾ける」ことが重要になる。クライエントにとって，キャンプセラピー体験が達成され成就されたものであるならば，その語りは肯定的に意味づけられたものになるであろう。つまり自身にとって「新たな物語」が作られることになる。

キャンプセラピーに参加しているほとんどのクライエントは，他のセラピーの経験（例えば個人心理療法）はあるものの，キャンプセラピーのようなプロセスを経て課題を達成する機会を経験していない。キャンプセラピーのクライエントの多くは，他の形態のカウンセリングや治療アプローチを経験したことがあるため，あらたな機会としてキャンプセラピーに参加することは重要なポイントである。実際，Russell（2003）は，大規模なサンプルの調査をしたところ参加した青年の75％が，キャンプセラピーに参加する前に他の治療法を試したことがあることを明らかにしている。他の治療法と比較した場合のキャンプセラピーの独自性について，あるキャンプセラピーのディレクターは次のように述べている。

> 私たちのプログラムには，アメリカの主要な大都市のほとんどからクライエントが参加しています。これらの都市には十分な数の有能な臨床医がいるはずです。しかし私たちは，何度も，親が従来の個人セラピーを受けても効果がなかったと言っている子どもを受け入れています。私たちのプログラムには優秀で有能なキャンプカウンセラーがいますが，従前の心理療法のカウンセラーよりも優れているとは思えません。私たちのカウンセリングが効果的であるのは，このリソース（ピアグループ）を活用し，冒険的な体験を実践したり，古い信念に挑戦したりすることにあります。（Russell and Gillis，2010，p.61）

キャンプセラピーのプロセスから得られる具体的な治療的成果について，Walsh and Golins (1976) は，心理社会的スキルと運動スキルの向上であると述べている。これはキャンプセラピーのプロセスから得られる一般的な心理療法と異なる，ユニークで重要な効果である。このような効果は，思春期の段階にあるクライエントの十全な発達に不可欠なものであろう。

これらのスキルの向上を伴いながら，経験の意味と方向性の再構成が生じさせるのであろう。Walshらは，OBの体験に内在する認知的，情緒的，運動能力の発達の成果について説明する中で，以上の点を強調している。その一方で，OBあるいはキャンプセラピーの体験はクライエントそれぞれに異なっており，すべての問題を解決する「万能薬」ではないことも同様に強調している。

3　キャンプカウンセラーの治療的態度

(1) クライエントの自己成長のためのカウンセラーの態度

Walsh and Golins (1976) は，キャンプカウンセラーは，自然環境をマネジメントする技術に習熟する必要があるだけでなく，クライエントの情緒的な成長を促進できる必要がある。そのためには，共感的であり，純粋で，具体的であり，必要に応じて対立的であることが必要であると論じた。このクライエントの情緒的な成長の促進は，ロジャーズ (1966b) によって開発され，人が変化するための心理カウンセラーの態度3条件を指している。それは，「純粋性（自己一致）」，「無条件の肯定的な関心」，「共感性」である。このようなカウンセラーの態度は，プログラムの内容に関係なく，治療の有効性に大きく影響するものである。しかし，態度3条件は，クライエントの変化の促進には必要だがこれだけでは充分ではなく，これらの態度が，治療中のクライエントの自律的動機づけを開発することにおいて基盤になると説明している。カウンセラーの態度とクライエントのプログラムに関わる動機の促進は，顕著にセラピーの成果と結びついている（Ryan et al. 2011）。以下では，ロジャーズ（1966b）の態度３条件について説明しておきたい。

純粋性（genuineness）

まず，純粋性（自己一致）とは，カウンセラーが本音と自己一致している時，すなわち，感情に正直であり，その感情が適切な場合には，クライエントがその瞬間に経験していることを伝えることである（ロジャーズ，1966b）。カウンセラーが何か演じたり，フリをしたり，明らかに個人が感じていないことを言ったりしている場合，それはクライエントには疑念をもって解釈されることがある。

キャンプセラピーでは，キャンプカウンセラーとクライエントが「関わりなく（例えば自由時間）一緒に時間を過ごす」機会を持つことが，純粋性を示すことに有益であると言われている。クライエントは，キャンプカウンセラーがグループの他のメンバーとの交流する中で，キャンプカウンセラーの純粋性を観察することができる。また，キャンプカウンセラーは，チャレンジコース（ロープスコース）であろうと野外での他の体験であろうと，クライエントと同じ体験を共有することで，適切な行動や感情的な反応を模範とする機会を与えることができる。このプロセスはまた，キャンプカウンセラーが権威的な立場ではなくクライエントに近い存在になり，クライエントが活動に素直に向き合い，クライエントの純粋性さえも引き出すことを可能にする。Bandoroff（1989）は，自然環境はクライエントを強くすることや罰をあたえることの責任の多くを請け負っている。クライエントは，母なる自然を欺くことはできない。自然の中でのキャンプカウンセラーとの生活や冒険の体験は，クライエントとキャンプカウンセラーのさまざまなダイナミクスを生み出す。キャンプカウンセラーは，クライエントの純粋さを引き出し，治療的関係を強化し，変化のための重要な契機を作ると述べている。

このように，キャンプカウンセラーが自己一致した態度であることと自然による帰結（natural consequence）が，クライエントの変容のための要因として大きな役割を果たしているように思われる。

無条件の肯定的関心（unconditional positive regard）

２番目の条件は，無条件の肯定的な関心と呼ばれ，クライエントに対してカウンセラーが温かく，肯定的で受け入れる態度を示すことである（ロジャーズ，1966b）。クライエントが経験している感情が何であれ，それが恐怖，痛み，孤立，怒り，憎しみであっても，キャンプカウンセラーはこれらの感情を肯定的に受け入れるべきである（すなわち，良いとか悪いとかなどではなくて非評価的である）。

この非評価的な態度は，キャンプカウンセラーがクライエントを評価することなく，クライエントに対して肯定的な感情を維持することにつながる。キャンプカウンセラーは，クライエントが何か望ましくない行動を示した時に，クライエントに対し非受容的な態度を示したりしてはならない。

キャンプセラピーのグループ体験の第１の目標は，身体的にも精神的にも安全な環境を作ることである。これは，グループのための規範と価値観を確立することによって行われる。グループによっては，規範や価値観を図に描いて表したり，署名したりするなど，「フルバリューコントラクト」と呼ばれる約束あるいは契約をすることが多い。Gass（1993）は，以下のように述べている。

> 子どもとセラピストの関係では，セラピストがクライエントの冒険的な体験をする時に近づきやすい位置にいることが重要なポイントである。冒険を共有することで，セラピストも同じような身体的なチャレンジに参加す

ることができる。このような２人の力動は，冒険体験の想定外に起こることと相まって，他の「フォーマル」なセラピストに存在するような交流を制限する多くの障壁を取り除くことができる。セラピストは明確で適切な境界線を維持しながらも，より親しみやすくなり，クライアントとの受容的な交流が深まる。(p.9)

このように，両者が適切な距離を保ち，同じ体験をすることによって，無条件の肯定的な（受容的な）関心のような関係性が生じることが特徴と言えよう。

共感的理解（empathic understanding）

最後に，共感的理解とは，カウンセラーが，クライエントがそれぞれの瞬間に経験している感情や個人的な意味を正確に感じ取り，その理解をクライエントにうまく伝えることができる時に起こる（ロジャーズ，1966b)。これは，例えば「あなたの何が問題なのか理解しています」「私もこれを経験しましたが，全く違う反応をしました」などといった，クライエントの気持ちとずれてしまいかねないような言葉を返すこととは全く異なる。

真の共感的理解とは，誰かが評価したり判断したりすることなく，キャンプカウンセラーが，クライエントが体験して感じているように，あたかもクライエントの内なる世界で起こっているかのように感じることを指す。クライエントのその時々の体験を把握しなければならないが，この共感のプロセスでは，自分自身（カウンセラーの）のアイデンティティを失うことなく把握することが重要である。

キャンププセラピーにおけるクライエントの感情への共感は，キャンプカウンセラー自身のキャンプセラピー体験を通して高めることができる。クライエントの肯定的な変化や治療的な瞬間はいつでも起こりうる。そのような瞬間をクライエントが経験した時，キャンプカウンセラーは，クライエントのそばにいて，共感的で思いやりのある方法でその瞬間の出来事に対応できるようにしなければならない。

(2) キャンプセラピーにおける治療的な関係

治療的関係は，心理療法におけるプロセス要因の研究において，治療成果の最も重要な要因として知られている（Norcross, 2011)。クライエントとキャンプカウンセラーとの間の治療的関係は固有（かけがえのない関係）であり，キャンプセラピーではその枠組みの特徴から，より早く，深く，発展する可能性を秘めている。治療的関係は，どのようなセラピーであっても，結果の最も強い予測因子であることが，多くの研究で示されているため（Karver et al. 2008)，良好な関係性を築くことは欠かせない。

キャンプセラピーの枠組みでは，面接室で行われるカウンセリングに比較して治療的関係が短時間で深いものとなる。それは共にいる時間からも理解されるであろう。クライエントとキャンプカウンセラーは日々の生活の中で毎日関わりあっているため，セラピーは，面接室での1時間のセッションに留まらず，さまざまな活動，例えば，食事作りや焚き火を囲んだ振り返りの中ででも行われることになる。キャンプカウンセラーが毎日クライエントと一緒にいる2週間のプログラムを考えた場合，それは相当の時間になる。

また，共にいる時間の量だけではなく，接触時間の質も考慮する必要がある。特定の行動パターンや感情的反応を引き起こすように特別に計画された濃密な生活状況では，転移感情[(24)]，逆転移感情も生じる。これらは，スーパーバイザーによるスーパービジョンを通じて対処しなければならない。

この転移，逆転移などの心理力動は，信頼など相互関係を築くのに役立ち，それは強い治療的関係の重要な基盤となる。この関係は動的で流動的であり，絶えず進化していくものであるため，キャンプセラピーのカウンセラーは，クライエントをよく観察し，対象者理解と同時に自己理解の能力に長けている必要がある。

4　キャンプセラピーの治療的特徴

すでに，キャンプセラピーの特徴について説明してきたが，その特徴について，一般的な心理的アプローチ，すなわち集団心理療法（グループアプローチ），個人心理療法（個人アプローチ）との治療構造の違いを，**表2-1**にまとめた。ここでは，あらためて，キャンプセラピーと上記の通常のセラピーとの違いを比較検討しておきたい。

まず，一般的な心理的アプローチは，グループアプローチにせよ，個人アプローチにせよオリエンテーション（心理療法の学派）が多種多様になるため，それぞれのアプローチの一般的な構造の特徴の違いの比較検討となることを断っておきたい。キャンプセラピーの構造の第1の特徴は，非行や問題行動を抱えている青少年を対象に実施される点にあると思われる。クライエントそれぞれが課題を抱えており，通常は6人から10人程度のクライエントに，2人のキャンプカウンセラーが加わった，1つの閉鎖グループで実施されることが多い。キャンプによってはこのような小グループ複数を同時に進行することもある。またクライエントである青少年のグループは，一般的には，素行症，反抗挑戦性障害，依存症，そして背景に発達障碍を抱えている同質の青少年で形成することがほとんどである。

(24) 転移とは，クライエントにとっての重要な他者（多くは母親・父親）に本来向けられるべきものが，目の前のカウンセラーに向けられているものと捉えられ，幼少期に未解決な重要な他者との関係における問題を，カウンセラーとの間で再現していると考えられている。特にそれら転移感情の中でも，愛情や好意といったポジティブな感情の転移を陽性転移，ネガティブな感情の転移を陰性転移と呼ぶ。一方，カウンセラーからクライエントに向けられる転移感情を逆転移感情と呼んでいる。

表2-1　キャンプセラピーと通常のグループ・個人アプローチの構造の違い

	キャンプセラピー	グループアプローチ	個人アプローチ
対　象　者	青年期／成年初期	学齢期から高齢期	幼児期から高齢期
グループサイズ	6人から10人	10人程度のsmall groupから30人以上のlarge group	
対象者の特徴	概ね同質	同質／異質	さまざま
グループの形態	閉鎖グループ	開放／閉鎖グループ	
表現媒体	○アクション／言語 キャンピング アウトドアアクティビティ 自然体験活動 奉仕活動	○言語／アクション サイコドラマ ダンスムーブメント ロールプレイ ボディワーク	○言語／アクション ＊基本的に言語 遊戯療法（幼児・低学年） 描画療法
環境・空間制限	屋外／ウィルダネス・なし	屋内・あり	屋内・あり
実施形態	集中型（宿泊を伴う） 2週間から6週間程度	集中／定期型 EX.2泊3日／1/w	定期型（1/w・2 w）
時間制限	時間制限型 期間中は制限がない	時間制限／継続型 1.5hから2h／ 午前・午後	継続型（1h程度）
カウンセラー	1人から2人	1人から複数	1人
カウンセラーの自己開示	自己開示多い	ある程度自己開示する	自己開示 ほとんどしない
カウンセラーとの心理・身体的距離	心理・身体的に いずれも極めて近い	心理的に近いアプローチによっては身体的にも近くなることがある	心理的に極めて近い
安全性	危険を伴う（統制が困難になることがある）	安全 （場合によっては統制が困難になることがある）	安全

特徴の第2は，セラピーを実施する環境が野外ということであろう。Gass（1993）によれば，キャンプセラピーのねらいの1つとして，クライエントをこれまでの馴染みの環境から連れ出し，新しい魅力的な環境に没頭させることを指摘している。非行少年が生活している家庭環境や社会環境（収容施設も含む）から一時的であれ遮断することによって，劣悪な円環的状況を変えることができる。

第3に，キャンプセラピーの環境は，活動の舞台となる「自然環境」に加え，24時間生活を共にするキャンプカウンセラーやスタッフを含めた「受容的な社会環境」に特徴がある。期間は2週間から6週間程度の幅があるが，期間中は，全員がほぼ同じ場所で，寝食を共にし，プログラムが集中的に実施される。キャンプセラピーにおける環境は，少年院などの施設とは異なり，受容的，保護的であり，安心感と安全感を生み出す雰囲気がある。さらに，同様な問題を抱える仲間集団は，共同体としての治療的側面がある。キャンプセラピーでは「環境」自体が治療的であると言える。

第４に，キャンプセラピーは，言語だけによるセラピーではなくて，基本は身体活動（アクション）であるのが特徴である。個人心理療法は，クライエントの語りや，あるいは精神分析などのように夢やイメージなど，現実から離れたものを媒介として行われる。しかし，キャンプセラピーでは，キャンプカウンセラーが生活を共にし，生活指導も含めて，より全体的に関与し，現実適応的に行われる。キャンプセラピーでは，身体的活動を技法として重視する。特に冒険的な活動を集中的に実施することによる身体的，精神的ストレス体験が特色であり，活動的，克服的であると言える。従って，「身体運動を媒体として心へアプローチする方法」と言えるであろう。ただし，グループでの振り返りなど，言語的なアプローチの要素も治療的に重要になることは言うまでもないであろう。

キャンプセラピーでは，キャンプカウンセラーは，野外生活技術や冒険プログラムのインストラクション，小集団のファシリテート，課題のサポート，相談，時には就寝時の読み聞かせ等，24時間すべてに関わっている。したがって，前述の通り，短期的，集中的に深い治療的関係が築かれることが特徴と言える。すなわち他の方法に比べると，最も短期にかつ集中的に関係形成が進展する方法であると言えるであろう。しかし，逆に言えば，自らがクライエントに晒されやすく，自己とクライエントの境界も薄いものとなる。したがって，転移／逆転移感情に巻き込まれやすい。このような点についてキャンプカウンセラーの自己理解や自覚が重要であり，積極的にスーパービジョンを受けるなど，自分自身を守るためのセルフケアが極めて大切である。

第５の特徴として，キャンプセラピーはウィルダネス環境（手つかずの自然環境）で冒険的体験を行うことである。例えば，高所登山，ロッククライミング，懸垂下降，沢登り，カヌー，ヨット，マウンテンバイクなどのリスクを伴う野外活動を実施することになる。当然ながらかなりの危険性を伴うことになる。キャンプカウンセラーには，野外活動などの技術や自然に対する知識・技術が必要になる。したがって，キャンプセラピーのカウンセラーにおいては，ロジャーズ（1966b）の態度３条件，集団療法をはじめとしたカウンセリングに関する知識・技能を基礎として，野外活動に関する知識・技術，自然環境に関する知識・技術，さらには，リスクマネジメントに関する知識・技術が求められることになる（図２-３）。

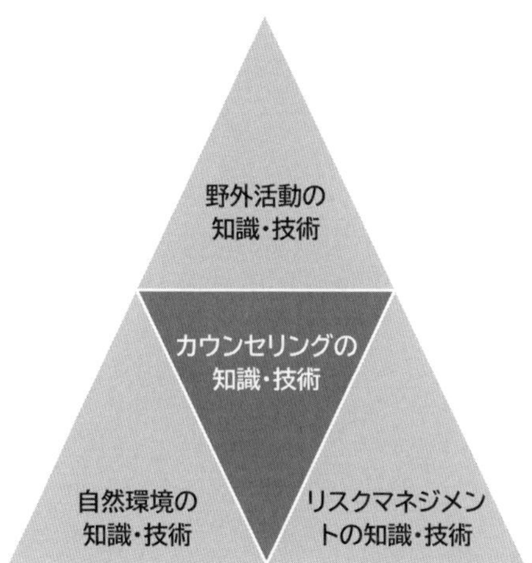

図2-3　キャンプカウンセラーに求められる知識・技術（坂本，2018）

5　実践への展開

本章は，キャンプセラピーが発展した歴史的経緯，モデルの特徴，治療的要因についてアメリカの先行知見から明らかにし，わが国の発達障碍児にセラピーとして実践する際の要点や方法を整理した。

キャンプセラピーは，今日アメリカでは，大自然を活用した心理療法プログラムと考えられている。そのプログラムは，自然の中での野外活動を通じて，主にクライエントの自己の成長を促すことを目的としており，薬物やアルコール依存，窃盗，暴力などの非行少年，あるいは，神経症，抑うつ，摂食障害，虐待，遺児などさまざまな青少年を対象にした治療の手段として実施されている。

アメリカにおいてキャンプセラピーが発展した背景には，青少年の家庭の問題や経済的な貧困層の増加など，文化，社会的な問題が根深く影響している。すなわち，アメリカという国が抱える社会的問題と，そのような社会の中で育つ子どもたちの心理的要因，さらに生物学的な要因が重なり合うなかで必然性が生じてきたと言える。このような経緯を考えると，キャンプセラピーは，わが国の青少年問題の現状と重なる部分もあり，体験的な心理療法プログラムの１つとして導入される可能性はあるように思われる。

キャンプセラピーのモデルとなったのは，ドイツ人教育者クルト・ハーンの教育理念に基づいて設立されたOB（アウトワード・バウンド）のプログラムである。キャンプセラピーでは，サバイバルトレーニング，登山，キャンプ，カヌー，マウンテンバイク，ロッククライミングなど，さまざまな野外活動をプログラムとして体験する。クライエントは，手つかずの自然の中での生活において必要なスキルや知識を学び，自分自身や他のクライエント，あるいはキャンプカウンセラーとの関係性を築くことになり，このことが治療的契機となると言えよう。

キャンプセラピーから得られる効果は，心理的な自己の成長に加え身体的な運動スキルの向上が期待されている。これらは，青年期にあるクライエントの自己の成長には有効なものであろう。キャンプセラピーでは，心理的な自己成長ばかりがその効果として期待されているが，青年期のクライエントにとっては，野外活動などを体験し身体に働きかけることによって，身体的自己の成長を図ることが治療的な特色であると言えよう。

キャンプセラピーにおけるカウンセラーは，自然環境を活用した身体運動をマネジメントする技術を習得する必要があるだけでなく，クライエントの心理的な自己成長を促進できる技術が必要である。そのためには，例えば，ロジャーズ（1966b）のカウンセラーの態度である，純粋性（自己一致），無条件の肯定的な関心，共感性などの技法を知る必要がある。このような態度は，クライエントとキャンプカウンセラーの関係を醸成し，キャンプセラピーを促進するための基礎となる。しかしながら，今日さまざまな心理療法の方法があるため，キャンプカウンセラー自身が興味関心のある心理療法を学ぶことが重要であろう。いずれにしても，このようなカウンセリングに関する知識は必要である。

アメリカは，キャンプセラピーの制度，あるいは資格を保持するキャンプカウンセラーの数など，実践する環境の状況はわが国よりもかなり進んでいる。アメリカ国内におけるキャンプセラピーの制度の発展は，心理的な課題を抱える青少年への効果が確かなものであることを示しており，きわめて重要な役割を果たしていると言えよう。前述の通り，わが国においても，キャンプをセラピーとして援用することが可能であろうと思われる。しかしながら，キャンプセラピーの社会的認知の低さ，効果に関するエビデンスが少ないこと，あるいは臨床心理学を学ぶことを含めたキャンプカウンセラーの養成など課題が山積していると思われる。

第 3 章

キャンプセラピーの効果に関する研究

1　アメリカにおける研究

キャンプセラピーの効果については，研究上の課題が多く指摘されている(Gass et al. 2020)。サンプルサイズが少ないこと，クライエントの抱える課題がそれぞれ異なること，厳密な統制群が配置できないこと，ブラックボックス効果（内部構造がよくわからない）などである。しかしながら，おおむね，以下の効果が期待されると言われている。

①自己概念などの個人の成長と発達（intrapersonal development），②集団における社会性および対人的な成長と発達（interpersonal development）である。さらに近年では，臨床的な観点から評価される傾向にあり，③不安，抑うつ，薬物依存・アルコール依存などのメンタルヘルスに関する効果に関する研究を見ることができる。

(1) 個人の成長と発達に及ぼす効果

思春期の青少年は，自分の行動と仲間の行動を継続的に比較しながら，自己概念を形成させていく。発達障碍児であれ，定型発達児であれ，思春期は，自己概念を形成する際に，価値や能力の自己評価を行うために，身近な仲間グループを利用するのが一般的である。そのような中で，往々にして社会的な規範から否定的あるいは消極的に自己認知する場合には，低い自己概念が生じ，青年期の問題行動につながることもある。実際に，低い自己概念の持ち主が，反社会的あるいは非社会的行動と関連があることが指摘されてきた（Kaplan, 1979; Dinitz and Pfau-Vincent, 1982）。

非行少年や発達障碍児は，定型発達の児童生徒に比較して自己概念あるいは自尊心が低く（Fitts and Hamner, 1969; Kimball, 1979; 矢島，1986; 前沢1993），幼い頃よりたびたび失敗を繰り返し，自信喪失の習慣化あるいは学習性の無気力状態にある者がいることも明らかにされている（Seligman, 1975）。したがって，初期のキャンプセラピーに関する研究では，いかにして，非行などの課題，問題行動や危機的状況にある青少年の自己概念を向上させることができるかに関心が持たれてきた。

自己概念に関する初期の研究では，キャンプセラピーは，具体的で達成可能であり，プログラムが進むにつれて難易度や課題が困難になるという発達的に適切な課題を提供することで，自己概念を向上させることが指摘されている（Kelly and Baer, 1969; Porter, 1975; Kimball, 1979; Gibson, 1981; Wright, 1982; Weeks, 1984; Pommier and Witt, 1995）。このようなことから非行少年は，健全な自己概念を持てるように彼ら自身の認識を改善することが，矯正の目的の１つとして考えられてきた。従って，キャンプセラピーによる効果測定とは，ストレス体験の克服や成功体験の繰り返しによって，少年たちの自己概念や自尊心をいかに高めることができるかを検討することに焦点が置かれてきたと言えよう。

Bettmann et al.（2016）は，1980年から2014年までのキャンプセラピー（５日間以上）に私費で参加した青少年2,399人の効果に関する36の研究を対象にメタ分析を実施した。Hedgesのｇによるメタ分析の結果，評価された６つの変数のうち自己概念に関係する，自尊心（self-esteem；g = 0.49），認知判断傾向（locus of control；g = 0.55）は中程度の効果が認められたことを報告している[25]。

自己概念への効果が認められなかった研究はわずかにあるものの（例えば，Zabriskie, 1973; Partington, 1977; Zwart, 1988），メタ分析の結果も含めて考えれば，自己概念のうち自尊心と認知判断傾向の効果を，おおむね支持することができると考えられる。しかし，効果測定に用いられる尺度やプログラムによって，効果の違いが認められることも事実である。また，自己概念を高める要因や媒介する変数などを検討する研究は行われていない点が課題であろうと思われる。

（2）社会性および対人関係に及ぼす効果

キャンプセラピーに関する研究の多くは，個人内の成長と同時に，青少年とその不適応な対人関係行動の変化に注目してきた。それは，問題行動のある青少年は社会的能力が低いと指摘されてきたことによる（Achenbach and Edelbrock, 1981）。社会的能力とは，青少年が家族や仲間，その他の個人的な関係の中で発達する相互行為などの社会的スキルや社会的行動である。

キャンプセラピーでは，その実践を行う中で，非行や問題行動は，社会的スキルの欠如の現れであり，状況に応じて社会的行動を学ぶことによって変えることができると考えられてきた。そのため，多くのキャンプセラピーでは社会的スキルを身につけることに焦点が当てられており，治療後の環境で参加者がこれらのスキルをどの程度学び，適用しているかが評価されてきた。

(25)　6つの変数のうち，その他の4つは，行動観察（behavioral observations；g = 0.75），日常生活（personal effectiveness；g = 0.46），臨床指標（clinical measures；g = 0.50），対人関係尺度（interpersonal measures；g = 0.54）であり，すべて中程度の効果の大きさが認められていた。

キャンプセラピーにおける初期の研究であるが，Porter（1975）は，クーパースミス行動評価フォーム（Behavior Rating Form: 以下BRFと略す）を用いてプログラム前後の行動について評価を求めた。評価は，プログラムをクライエントに紹介した職員によって行われた。その結果，防衛行動が低下し，自尊行動において有意な変化があったことを報告している。また，Gibson（1981）は，OBプログラムの参加者の対人能力についてBRFを用いて検討した。プログラム前後の行動についてインストラクターとクライエント本人に回答を求めた。インストラクターもキャンプカウンセラーも肯定的に評価し，いずれも有意差が認められたことを報告している。

また，Wichmann（1990）は，自ら作成した非社会的行動観察尺度（Wichmann-Andrew Behavior Rating Scale）を用い，インストラクターの評価について統制群との比較を行った。全体得点および行動化（acting），自己抑制（self-control），自閉性（autism）の３つの下位尺度において有意な肯定的な変化が見られたと報告している。さらにWichmannは，何が非社会的行動を減ずる要因かを重回帰分析から検討した。その結果，対人関係における問題解決能力との相関が高いことを明らかにした。

Allen（1991）は，教師－児童評価尺度（Teacher-Child Rating Scale）を用いて教師による評価を実施した。プログラム後の変化として，行動化（acting），引っ込み思案（shy anxious），学習技能（learning skills），欲求不満耐性（frustration tolerance），主張技能（assertive social skills），仕事指向性（task orientation），友人関係技能（peer sociability）の７つの尺度すべてにおいて有意な変化を明らかにしている。Weeks（1984）とCallahan（1989）は，キャンプセラピー後の学校での就業状況について統制群との比較を行った。いずれの研究も教師の注意する回数と欠席が減少したが，成績や停学等の問題は改善されなかったと述べている。このように，学校での成績や就業上の改善が見られなかったことが示されているが，おおむねキャンプセラピー後の学校や家庭環境における否定的な行動化の減少あるいは，就業上の適応等の肯定的な行動変容が報告されている。

また，キャンプセラピー後の家族関係に着目した研究も行われている。その結果，家族関係は効果が持続されないという指摘がある（Hunter, 1985）。その理由の1つとして，プログラム前となんら変化のない家庭環境や周辺社会での不適応が指摘されている（Arthur, 1976）。Pommier and Witt（1995）は，家族でのキャンプセラピーの参観を勧めたり，合同の面接を通じて少年への理解を深めたりすることで，プログラム後の家庭環境への適応をスムーズにすることの必要性を主張している。しかし，Bandoroff（1992）は，キャンプセラピーだけに参加する少年（統制群）とキャンプセラピー後に4日間家族合同でプログラムに参加する少年について比較検討した。家族機能，問題行動，自己概念について調査した結果，いずれも統制群との差が見られなかったと述べている。Pommier and Witt（1995）では，OBタイプのプログラムに家族合同プログラムを加え，通常の矯正処遇（統制群）との比較を行った。その結果，自己概念では，9つのすべての下位尺度で統制群との差が見られた。また，家族関係（本人記述）では，適応性において統制群との間に有意差が認められ，行動調査（親記述）では，非社会的な行動が有意に減少したと述べている。

このような青少年とその家族合同プログラムは，家族療法の手法を取り入れた比較的新しいプログラムであると言える。しかし，家族の協力や理解も必要となるためプログラムの実施には手間がかかり困難も多いことが予測される。また，肯定的な効果と否定的な効果のいずれもあり今のところその効果の真偽は明らかになっていない。

ところで，アメリカにおいて，OBHが確立して以降，キャンプセラピーを評価する際に，統一した検査を用いる傾向にある。近年は，医療における保険適用の関係から，より精度の高い臨床的評価ができる指標としてYouth-Outcome Questionnaire（Y-OQ）と呼ばれる心理検査がOBHにおけるキャンプセラピーの評価として用いられることが多くなっている。最も新しいバージョンはY-OQ 2.0SR（以下YOQと略す）で，6つの下位尺度を含む64項目からなる心理検査が用いられている（**表3-2**）。すべての下位尺度のスコアの範囲は-16から+240であり，高スコアはより臨床的に状態の悪いことを表しており，カットオフ値[26]は47となっている。

Russell（2003，2005）は，このYOQを用いて，キャンプセラピー前後の効果について評価したところ，全体得点と同時に，対人関係に関する下位尺度において有意差が認められクライエントの社会性の改善をもたらしたことを報告している。これは，Zelov et al.（2013），Tucker et al.（2016），Hoag et al.（2016）も同様の結果を報告している。また，前述のBettmann et al.（2016）におけるメタ分析では，対人関係尺度（g = 0.54），行動観察（g = 0.75）の結果から，社会性あるいは対人関係に関する効果は，中程度以上の効果量であることを報告している。

このようにキャンプセラピーにおける社会性あるいは，対人関係改善に関する効果は，さまざま報告されている。自己概念同様に，中程度の効果が期待できるものと思われる。しかしながら，社会的スキルそのものを評価している研究はあまり行われておらず，どちらかと言えば，キャンプセラピー後の学校，家庭などにおける対人関係や態度，行動に関する改善を報告しているものがほとんどである。

（26） カットオフ値とは基準値や基準範囲とは全く異なる概念の値であり，疾病の診断を目的としてROC曲線（Receiver Operating Characteristic curve：受信者動作特性曲線）等を用いて求めた客観的根拠に基づいて設定した値である（福武，1999）。カットオフ値をとることにより偽陰性・偽陽性を生じることなく診断を確定することがきる。YOQの場合，47点がカットオフ値となる。

表3-2　YOQ（Youth Outcome Questionnaire）2.0の下位項目の内容

1）	**対人関係ストレス**（Intrapersonal distress issues） 不安，抑うつ，恐怖心，絶望，感情的苦痛など
2）	**身体的症状**（Somatic/physical issues） 頭痛，めまい，腹痛，吐き気，関節の痛みや脱力感などの身体症状など
3）	**対人関係**（Interpersonal relations issues） 親，他の大人，同級生との関係，他者に対する態度，友人との交流，攻撃性，反抗など
4）	**臨床指標**（Critical items）：医療機関で対応を要するような重篤な疾患 被害妄想，強迫性行動，幻覚，妄想，自殺，躁病，摂食障害など
5）	**社会的問題**（Social problems issues） 不登校，性的問題，家出，器物損壊，薬物乱用など，社会的に関連した問題行動など
6）	**行為障害**（Behavioral dysfunction） ADHDなどの項目を含め，子どもの課題整理能力，課題完了能力，集中力，感情処理能力など

（3）メンタルヘルスに及ぼす効果

近年，OBHおよびキャンプセラピーの研究者や実践者は，さまざまな障碍タイプのクライエントに対してキャンプセラピーがどの程度の効果を示すかについて評価している。また，研究倫理上の問題から統制群を用いた研究は，ほとんど行われなくなっている。

Zelov et al.（2013）は，2007年から2012年までに，22の治療的プログラムを受けた2,669名の青少年の症状について報告しているが，うつ（24.4%），注意欠如多動性障碍（22.0%），学習障碍（15.9%），不安障碍（14.3%），アルコール・薬物依存（14.0%），行為障碍（6.6%），トラウマ（6.6%），自閉症（1.1%），その他（10.6%）であり，2つ以上の症状を示したものが，48.1%であったことを報告している。そしてこの数値が示す通り，キャンプセラピーには注意欠如多動性障碍，学習障碍，自閉症などの発達障碍を抱えているクライエントがおよそ4割近く参加していることが理解できる。Zelov et al.（2013）の研究では，YOQテストにおける6つの臨床指標である，①不安，抑うつ症状（Intrapersonal Distress），②身体症状（Somatic），③社会性（Interpersonal Relationships），④臨床指標（Critical Items），⑤社会的問題行動（Social Problems），⑥素行症（Behavioral Dysfunction）が，いずれもプログラム前に比較してプログラム後は有意差が認められ，カットオフ値も陰性を示していた。また保護者の評価も，すべての指標においてプログラム前後で有意差が認められ，健常児と同じ水準のスコアまで変化し，プログラム6ヵ月後においてもその効果が維持されたと報告している。

Combs et al.（2016）は，4つのキャンプセラピーに参加した平均年齢16.9歳の青年619人のサンプルを調査した。彼らは参加者の気分障碍の有無によって効果の予後を調べ，キャンプセラピーの治療中にどのように変化するかについてYOQを用いて検討した。まず，全体では事前の値は，3週後，5週後と減少し，5週後にはカットオフ値を下回り，事後においてもすべてカットオフ値の47点を下回り有意差を示した。さらに6ヵ月後，12ヵ月後では，調査対象者は減少し，得点も事後よりは増加したものの，陰性値を示していた。女性のクライエント，および不安障碍と気分障碍を呈したクライエントは，治療成績においてより高い効果を示すことを明らかにしている（**図3-1**）。

Zelov et al.（2013），Tucker et al.（2016），Hoag et al.（2016），Savidge（2020）は，同様にYOQを用いて，キャンプセラピーの効果について検討し，いずれも，その効果を報告している。Tucker et al.（2016）は，事前には，女性が悪い症状を示す高い得点であったが，事後には，男性よりも低い値を示すことを明らかにした。その効果は，統計的に有意であり，うつ症状，行動・気分障碍への効果が大きく3ヵ月後の調査期間においても維持されたことを報告している。

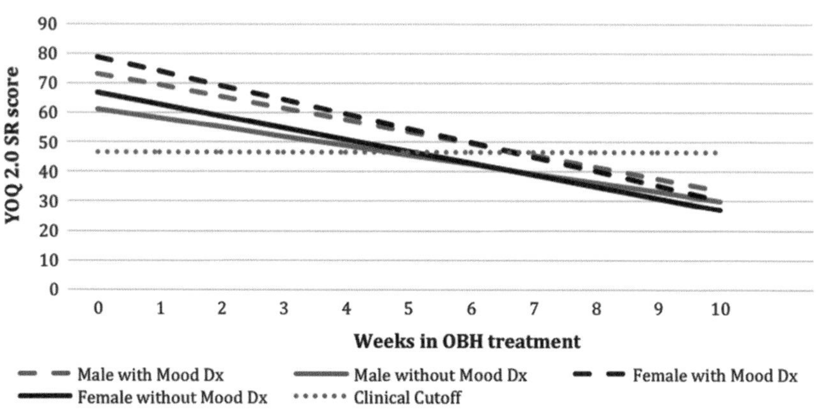

図3-1　気分障碍の有無による男女のクライエントのYOQの変化（Combs et al. 2016）

薬物依存，不安障碍，行為障碍があるが，気分障碍の有無によって改善の違いが認められる。いずれもカットオフポイントの47ポイントよりも減少しているが，女性の方が有意に減少を示している。

Gillis et al.（2016）は，YOQ（保護者評価）15件とYOQSR（自己評価）11件を対象に，キャンプセラピーと非キャンプセラピー(27)の効果についてHedgesのgを算出し比較検討を行った。メタ分析ではいずれのプログラムもYOQ（g = .98）とYOQSR（g = .80）と高い値を示した。また，キャンプセラピーと非キャンプセラピーを比較した場合，YOQではキャンプセラピー（g = 1.38），非キャンプセラピー（g = 74），YOQSRでは，キャンプセラピー（g = .72），非キャンプセラピー（g = .89）となり，保護者の評価の場合は，キャンプセラピーの効果を高く評価し，自己評価の場合は，差は少ないものの非キャンプセラピー以外のプログラムの方が高い評価を示す逆の結果を示した。保護者評価の場合は触媒としてのウィルダネス環境を支持したが，参加した本人の評価においては，ウィルダネス環境が触媒になるとは言

(27)　非キャンプセラピーとは，ウィルダネス・プログラム以外の，通院治療，入院治療，宿舎プログラムによる治療を指している。

えないことを明らかにしている。その原因について，対象論文数の少なさを指摘し，さらに検討を進める必要性があると述べている。

キャンプセラピーの効果についてYOQを用いた研究を概観すると，うつや不安障碍，薬物依存など，通常の治療でもなかなか効果が得られない症状においてもカットオフ値が陰性になるなど効果が認められていることは，特筆に値すると思われる。

(4) 発達障碍児を対象にした研究

本書の研究課題である，キャンプセラピーにおける発達障碍児を対象にした研究は，Savidge (2020) によればわずかである。Savidgeは，ASDの課題を持つクライエントが，キャンプセラピー後において生活をコントロールすることを学ぶことを支援するための適切なプログラムとなっているかどうかを判断するための研究が必要であると指摘している。しかし，これまで発達障碍児だけに焦点を当てたキャンプセラピーの研究についてはほとんど行われていない。

Schreiber (2009) は，4日間のキャンプセラピーに参加した，高機能自閉症またはアスペルガー症候群と診断された青年を対象に，ソーシャルスキル向上尺度-学生生活評価尺度を実施した。その結果，14歳から18歳の男性の間で，下位尺度である自己効力感と社会的コンピテンシーの向上を明らかにしている。

Wenninger (2012) は，ASDと診断された7歳から9歳の生徒を対象とした8週間の夏季デイキャンプの有効性を，応用行動分析を用いて調査し，参加者の不適応行動を減少させ，社会的行動を増加させたと報告している。そしてWenningerは，65%の生徒が8週間の介入後に意図した方向への中程度の変化を示したことを明らかにした。さらにいくつかの研究が認められるが，いずれも短期介入の効果の報告にとどまっている。

このような中で，Savidge（2020）の研究は注目に値する。Savidgeは，National Association of Therapeutic Schools and Programs（NATSAP）の18のキャンプセラピーに登録されたASDの青年および成人に及ぼす効果ついて検討した（**表3-3**）。青年（思春期）（11歳から17歳）139名にはYOQ，成人（18歳から25歳）64名にはOQ-45.2を用いてその効果を検討した。対象者の内訳は表3-3の通りである。この研究では，信頼性の高いRCIと呼ばれる変化指標とスコアの変化の合計を用いてキャンプセラピーを評価している。カットオフ値（青年YOQ=47，成年OQ＝63）との一致率を比較することで，カットオフ値の妥当性を検証した。

表3-3　キャンプセラピーのASDクライエントの属性（Savidge，2020）

青年（11才～17才）M＝15.25，SD＝1.56			成年（18才～25才）M=20.51，SD=1.84		
〈年齢〉	〈人数〉	〈割合〉	〈年齢〉	〈人数〉	〈割合〉
	139名			64名	
11	32	23.0%	18	16	25.0%
12	41	29.5%	19	13	20.3%
13	28	20.1%	20	14	21.9%
14	23	16.5%	21	6	9.4%
15	2	1.4%	22	7	10.9%
16	9	6.5%	23	5	7.8%
17	32	23.0%	24	2	3.1%
			25	1	1.6%
〈性別〉　男　120名　女　17名　不明2名			〈性別〉　男　53名　女　11名		
アルコール／薬物依存	22	15.8%	アルコール／薬物依存	11	17.2%
ADD ／ ADHD	39	28.1%	ADD ／ ADHD	12	18.8%
不安障害	54	38.8%	不安障害	28	43.8%
自閉スペクトラム障害	139	100%	自閉スペクトラム障害	64	100%
うつ／気分障害	61	43.9%	うつ／気分障害	29	45 3%
学習障碍	12	8.6%	学習障碍	6	9.4%
反抗挑戦性障			反抗挑戦性障		
素行症／行為障害	28	20.1%	素行症／行為障害	4	6.3%
PTSD	5	3.6%	PTSD	5	3.1%

これら２つの基準は，各クライエントを「回復した」（カットオフ値とRCI基準の両方を満たす），「改善した」（RCI基準は満たし，カットオフ値は満たさない），「変化なし」（どちらの基準も満たさない），または「悪化した」（RCI基準を満たさず悪化の方向に向かう）に分類した。

この研究のASD成人参加者は，肯定的な変化（回復あるいは改善）を示すスコアの確率が67%，変化がないスコアの確率が20%，悪化したスコアの確率が13%であった。一方，ASD青年（思春期）クライエントは，肯定的な変化を示すスコアの確率が49%，変化なしの確率が22%，スコアが悪化した確率が29%であった（**表３-４**）。

表3-4　成人ASD者と青年（思春期）ASD者の臨床的変化（%）（Savidge，2020）

	成人ASD	青年ASD
回復	59%	12%
改善	8%	37%
変化なし	20%	22%
悪化	13%	29%

いずれもキャンプセラピー前後における統計的な有意差は認められたものの，臨床指標は，成年ASDでは67%，青年（思春期）ASDでは49%が肯定的な改善であったことを報告している。つまり，青年期のASDにおいては，成人ASDよりも改善率が低く，約半分の者のみ改善したことを報告している。また，同年代の他の研究に比較すると，青年期ASDは，YOQの得点は，事前には，低い（すなわち症状的には軽い）が，キャンプセラピー後の得点の減少率も低く，あまり変化を示さないことが特徴であることが示されている。一方，成人期ASDは，OQの得点は他の研究の変化の傾向と同様であったことを報告している。すなわちキャンプセラピーは，成熟した成人ASDの方に対して効果が高いことを示している。

しかしながら，Savidge（2020）は，それぞれのクライエントが参加したプログラムの違いやサンプルとなった男女比の違い(28)もあり，今後さらに検証が必要であることも指摘している。なお，本研究では，OQおよびYOQの全体得点に関する結果は示されているが，下位尺度については，明らかにされておらず，これまでの研究に倣えば，社会性の得点は改善されたことが推測されるものの（青年ASD者では50%程度であろうと思われる），思春期にある発達障碍児の自己概念や社会的スキルの獲得やその関連については言及されていなかった。

2　わが国における研究（1）——自己概念に及ぼす効果

（1）キャンプにおける自己概念に関する研究

わが国においても，キャンプの研究は，アメリカ同様に，参加者の自己の成長に焦点を当てた研究が最も盛んに行われてきた。とりわけ自己概念に関する研究は中心的課題として，さまざまな年齢層やプログラムを対象として多く研究が行われている（向後・坂本，2017）。

この理由は，すでに繰り返し論じているが，児童期から青年期にかけて，自己に対する肯定的な認識を獲得することは，自分に自信を持ち，健やかな自己を形成して社会と関わりながら生活していくための基盤となるからである。しかし，わが国では，キャンプセラピーを実践している例は不登校児を対象にしたもののみであり，しかもわずかである（飯田ら，1990a；飯田ら，1990b；飯田・中野，1992；堀出，2005）。ましてや，発達障碍児を対象にした

(28)　YOQでは，男性に比較して女性が質問項目を高く評価することが明らかになっている（例えば，Russell，2003；Tucker et al. 2013）。Savidge（2020）は，事前の値が低いことについて女性のサンプルが少ないことを指摘している。

研究は行われていない。したがって，ここではキャンプを活用したセラピー以外の教育キャンプも含めて，記述的レビューと同時に，自己概念に及ぼす影響についてのメタ分析の結果（向後・坂本，2017）を紹介しておきたい。それは本書第４章の統計的研究において，先行研究のデータとの比較検討を行うことが１つの目安になると思われるからである。

ところで，わが国においてキャンプ中の自己概念を測定する方法として，最も多く用いられているのが，梶田（1980）の作成した自己成長性検査である。梶田によれば，自己成長性とは，自己形成および自己実現に関する態度や意欲を測定するもので，達成動機，努力主義，自信と自己受容，他者のまなざし意識の４因子から構成される自己概念である（**表３-５**）。

わが国の先行研究では後述の通り，おおむね自己概念（自己成長性検査）の効果が認められているが，研究間で結果の不一致も報告されているため，これまでの研究成果を整理し，結果の差異や特徴を把握しておくことがここでのねらいとなる。以下は，キャンプにおける参加者の自己概念の変容を検証した研究である。

飯田ら（1988）は，小学校４年生から５年生を対象に７日間の冒険キャンプを実施し，参加児童の不安と自己成長性の変化について調査した。その結果，自己成長性の全体得点および他者のまなざし意識因子において得点が向上する傾向が見られ，特に達成動機因子において有意な向上を示したことを報告している。同じく小学生を対象とした関根・飯田（1996）の研究では，全体得点および達成動機因子の変化が認められたことは一致しているが，他者のまなざし意識因子では変化は見られず，努力主義因子において有意な向上が見られたことを報告している。小学校５年生から高校３年生までの異年齢グループを対象に，10泊11日のフロンティア・アドベンチャー経験が参加者に与える影響を検討した井村ら（1990）の研究においても，参加者の自己成長性の全体得点および，達成動機因子，努力主義因子の得点が有意に向上したことを報告している。以上の研究から，自己概念の全体得点および下位尺度である達成動機に効果があることが明らかである。

表3-5　自己成長性検査（自己概念）の4因子の項目

【達成動機】
・私は自分の能力を最大限に伸ばせるよう，いろいろなことをやってみたい。
・私は他の人にはやれないようなことをやり遂げたい。
・私は将来，立派な仕事をしたい。
・私は将来，他の人から尊敬されるような人間になるだろうと思う。
・私は自分の理想に向かってたえず向上していきたい。
・私は新しいことや違うことをいろいろしてみたい。
・私は自分の主張を通す方である。
・私は他の人に比べて能力などが優れていると思う。*1

【努力主義】
・私は一度自分で決めたことは途中で嫌になってもやり通すよう努力する。
・私は他の人に認められなくても，自分の目標に向かって努力したい。
・私はなんでも手がけたことには最善を尽くしたい。
・私は現在の自分が幸福だと思う。
・私は努力さえずれば成績は良くなると思う。
・私はチャンスを逃さなければ，能力のある人は偉くなれると思う。*2
・私は人の一生は案外偶然の出来事で決まるものだと思う。*2
・私は人とうまくつき合っていける方である。
・私はどんなに不幸に出合ってもくじけないだろうと思う。

【自信と自己受容】
・私は勉強や運動について自信を持っている方である。
・私は自分を頼りないと思うことがよくある。*2
・私は今のままの自分ではいけないと思うことがよくある。*2
・私は現在の自分に満足している。
・私はときどき自分自身が嫌になる時がある。*2
・私は人より劣っているのではないかと思うことがよくある。*2
・私は他の人をとてもうらやましく思うことがよくある。*1 *2
・私は他の人に比べて能力などが優れていると思う。*1

【他者のまなざし意識】
・私は他の人からどんな噂をされているか気になる方である。
・私は自分が少しでも人からよく見られたいと思うことが多い。
・私は小さいことをくよくよと考えることが多い。
・私は何かしようとする時，他の人が反対するのではないかと心配になる。
・私は自分の心が傷つくようなことを恐れている。
・私は「あんなことをしなければよかった」と悔やむことが多い。
・私は他の人をとてもうらやましく思うことがよくある。*1
・私は人からばかにされたりすることに我慢できない。

*1は，他の軸（因子）と重複している項目を示す。*2は，逆転項目を示す。

一方，４泊５日のキャンプ実習において女子高校生の自己成長性の変化を検討した渡邉・飯田（2005）は，キャンプ前後で変化があったのは自信と自己受容因子のみだったことを報告しており，全体得点はキャンプ２ヵ月後に向上する傾向が見られたものの，先行研究で示されていた達成動機因子や努力主義因子においては，変化がなかったことを報告している。また，大学生を対象とした５泊６日のキャンプ実習において，振り返り活動が参加者の学習効果に及ぼす影響について調査を行った荒木ら（2007）の研究においても，自己成長性全体得点および４つの因子いずれにおいても有意な変化は認められなかったことを報告している。

このように，これまでの研究の一部を記述的にレビューしてみても，キャンプ前後で参加者の心理的変化が認められる研究とそうでない研究が混在しており，一貫した知見が得られていない。小学生を対象とした研究では比較的肯定的な変化が認められているのに対し，高校生や大学生では，変化が認められない研究が存在する。キャンプは参加者の自己概念に対して効果があるということがすでに一般的な理解になってはいるが，自己成長性検査という同じ自己概念を調べる尺度を用いても結果には差異があると言える。

したがって，以上の個々の先行研究の成果を総合的かつ定量的に把握し，メタ分析から客観的に評価しておきたい。メタ分析において統計量を，効果量（Effect Size；ES）に変換することで，相互に比較し，さらに，どれだけ変化が大きかったのかという効果の程度を明らかにし，わが国のキャンプにおける自己概念に及ぼす影響についてさらに明らかにしておきたい。

（2）自己概念の効果に関するメタ分析

前節において，キャンプセラピーに関するメタ分析の知見（Bettmann et al. 2016；Gillis et al. 2016）について既に報告した。しかしながら，海外の研究で収集されている研究は，クライエントの状態（日本に比べて症状が多様で重い)，プログラム内容や期間等が日本とは規模が異なるため，一概にこれらの知見をわが国の研究と比較検討することには問題があるだろう。当然，評価に用いている質問紙も異なっている。したがって，まずわが国の傾向について把握することが大切であろう。

向後・坂本（2017）は，キャンプの自己概念に及ぼす影響について梶田（1980）の自己成長性検査を用いている研究15件を対象にHedgesのgを算出し比較検討した。

メタ分析に使用した15件の論文のうち，分析の対象となった研究数は最大18件，サンプルサイズの合計は最大1,133名であった。メタ分析の結果，キャンプ直前からキャンプ直後における自己成長性の全体得点の効果量は0.22であった（**表3-6**）。すなわち，自己概念に及ぼす効果は，キャンプ直前からキャンプ直後において得点が有意に変化することが示されたものの，効果量では小さい効果[(29)]が認められるという結果であった。

表3-6　キャンプにおける自己成長性検査の効果量（向後・坂本，2017）

	ES	k	n	95 %CI	z -Value(p)	Q	df
全体得点	0.22	16	908	0.129 ～ 0.312	4.72 ***	6.92 n.s.	15
達成動機	0.23	18	1133	0.152 ～ 0.316	5.58 ***	5.9 n.s.	17
努力主義	0.27	17	1066	0.19 ～ 0.359	6.34 ***	12.19 n.s.	16
自信と自己受容	0.02	17	993	-0.063 ～ 0.112	0.55 n.s.	8.02 n.s.	16
他者のまなざし意識	-0.02	17	993	-0.108 ～ 0.067	-0.46 n.s.	11.35 n.s.	16

ES：効果量　k：研究数　n：サンプルサイズ　95%CI：95%信頼区間　z -Value：z値
Q：等質性指標（Q値）　df：自由度***p<.001

（29）効果量の解釈にあたっては，一般的にCohen（1988）が提案した解釈方法が用いられるが，それによると効果量が0.20程度の場合は「小さい」効果，0.50程度は「中ぐらい」の効果，そして0.80程度の場合は「大きい」効果があるとされる。

また，４つの下位因子ごとに検討すると，それぞれの効果量は，達成動機因子では0.23，努力主義因子では0.27だったのに対し，自信と自己受容因子では0.02，他者のまなざし意識因子では−0.02と，効果量が０に近い値を示していた。また，達成動機因子，努力主義因子においてはキャンプ前後で有意な変化が認められたのに対し，自信と自己受容因子，他者のまなざし意識因子では，有意な変化は認められないという結果であった。これらの結果は，キャンプ体験によって影響を受けやすい因子とそうでない因子が存在することを示唆している。つまり，キャンプ直前からキャンプ直後における達成動機因子および努力主義因子の効果量はそれぞれ0.19から0.28で，また，それぞれの得点も統計的に有意に向上するのに対し，自信と自己受容因子および他者のまなざし意識因子では効果量がほぼ０に近く，キャンプ前後で変化しないという結果であった。さらに向後・坂本（2017）は，キャンプの効果の持続性について検証した。そこで，調査時期の違いによって，自己成長性の変化にどのような差異があるのかを検討した。

そのため，キャンプ直前からキャンプ直後（PreからPost），およびキャンプ直前からキャンプ数ヵ月後（PreからFollow up）におけるそれぞれの効果量を算出した（**表３-７**）。メタ分析の結果，キャンプ直前からキャンプ数ヵ月後の全体得点の効果量は0.14であった。達成動機因子の効果量は0.18であり，キャンプ直後の値に比べ小さくなっていたが，キャンプ数ヵ月後も有意な変化は認められるという結果であった。一方，努力主義因子では効果量が0.08と０に近く，キャンプ数ヵ月後には有意な差は認められなかった。自信と自己受容因子においては，効果量が0.14とキャンプ直後の値よりも大きくなっており，p値も有意な差が認められる値まで変化した。他者のまなざし意識因子については，キャンプ直後の結果と同様にキャンプ数ヵ月後も変化は認められなかった。

表3-7　調査時期における自己成長性の効果量（向後・坂本，2017）

	調査時期	ES	k	n	95 %CI	z -Value (p)	Q	df
全体得点	Pre→Post	0.19	10	576	0.072 ～ 0.314	3.12 **	0.36 n.s.	1
	Pre→Follow	0.14	11	583	0.028 ～ 0.256	2.43 *		
達成動機	Pre→Post	0.28	11	588	0.169 ～ 0.397	4.87 ***	1.79 n.s.	1
	Pre→Follow	0.18	12	652	0.068 ～ 0.284	3.19 **		
努力主義	Pre→Post	0.32	10	519	0.193 ～ 0.437	5.08 ***	7.41 **	1
	Pre→Follow	0.08	11	583	-0.031 ～ 0.198	1.44 n.s.		
自信と自己受容	Pre→Post	0.09	11	588	-0.027 ～ 0.200	1.49 n.s.	0.39 n.s.	1
	Pre→Follow	0.14	12	652	0.028 ～ 0.244	2.47 *		
他者のまなざし意識	Pre→Post	-0.05	11	588	-0.165 ～ 0.062	-0.89 n.s.	1.67 n.s.	1
	Pre→Follow	0.05	12	652	-0.056 ～ 0.160	0.94 n.s.		

ES：効果量　k：研究数　n：サンプルサイズ　95%CI：95%信頼区間　z -Value：z値
Q：等質性指標（Q値）df：自由度
*p<.05，**p<.01，***<.001

向後・坂本（2017）は，効果量について因子や持続性の違いが生じたことについて，４つの因子の特性から考察している。自己成長性における４つの因子間の関連について言及し「達成動機」と「努力主義」の間に，「自信と自己受容」と「他者のまなざし意識」の間に強い関連があり，自己成長性が大きな２つの軸から構成されていることを指摘している。また，「達成動機と努力主義は成長への意欲や態度を示す行為者としての自我（主我）の側面を捉えているのに対し，自信と自己受容と他者のまなざし意識は内省を通して意識された自我（客我）を捉えている」と述べている。すなわち，主我を捉えている達成動機や努力主義の軸と，客我を捉えている自信と自己受容や他者のまなざし意識の軸は，それぞれ自我の異なった側面であり，そのため，キャンプ体験によって被影響性が異なっている。

また，向後・坂本（2017）は，「冒険教育プログラムは，自然環境の中で危険をともなうような冒険的野外活動を通じて，様々な困難やストレスを体験し，ストレスを克服することによって，成功体験を味わい，成功体験の蓄積により自己概念の向上をもたらすものである。本研究で扱った研究は，プログラムの内容として冒険的な活動を取り入れるものが多かった。行為者としての自我（主我）を捉えている達成動機因子や努力主義因子は，このようなダイナミックで冒険的な体験を通して直接的に大きく影響を受けることによって，キャンプ直後に大きく変容しやすい因子であると推察される」と述べている。さらに，「自信と自己受容因子や他者のまなざし意識因子は，内省を通して意識された自我（客我）であることから，その部分が変容するためには，体験を通して自己の内省化が必要であり，そのためキャンプ直後には変化が現れにくいのではないかと推察する」と述べている。このことから，キャンプセラピーのような冒険的なキャンプでは，①自己成長性検査を用いた自己概念の全体得点が小さな効果であること。②達成動機因子，努力主義因子に対し，自信と自己受容因子，他者のまなざし意識因子は効果量が小さくなること，さらに，③効果の持続は，達成動機因子，努力主義因子において，キャンプ直後よりもキャンプ数ヵ月後に効果量が小さくなり，一方，自信と自己受容因子は，キャンプ直後よりもキャンプ数ヵ月後に向上することが示唆されている。

3　わが国における研究（2）――社会性に及ぼす効果

アメリカにおけるキャンプセラピーが，社会性に効果があると認められていることは前述した通りである。また，自己概念同様，わが国では発達障碍児を対象にしたキャンプセラピーが社会的スキルなどの社会性に及ぼす影響を明らかにした研究は行われていない。不登校児あるいは，定型発達児を対象にした研究は以下に示す通り，わずかに見られる通りでる。

まず，不登校児を対象にしたキャンプにおいて，不登校児の社会性の改善に関する研究が行われている（飯田ら，1990a；飯田ら，1991；上原，1995；堀出，2005）。これらの研究では，ソシオメトリーの技法を用いて，不登校児のキャンプ中の人間関係の改善について明らかにされている。また，分析の方法が若干異なるものの，いずれも不登校児も登校児と同様に新たな人間関係を作り得ることを報告している。しかし，キャンプ中の参加者の選択-非選択の分析からキャンプ構成員の関係構造は明らかになるものの個人の社会的能力に及ぼす効果までは明らかにされていない。また，飯田ら（1991）は，不登校児のキャンプ中（２日目，８日目）の対人行動について，キャンプカウンセラーの評価得点について検討したところ，向社会性，自己表現，他者受容，協調性において変化したことを報告している。

定型発達児を対象にしたものとしては，西田ら（2002）は，７泊８日のキャンプに参加した小学５・６年生23名を実験群，キャンプに参加していない５・６年生49名を比較対象群として，嶋田ら（1996）によって作成された小学生用社会的スキル尺度を用いて，キャンプの効果について検討している。その結果，下位尺度である向社会的スキル，引っ込み思案行動，攻撃行動のいずれも効果が認められなかったことを報告している。一方，青木・永吉（2003）は，18日間のキャンプに参加した小学５年生から中学３年生までの児童生徒32名を対象に，庄司（1994）の作成した社会的スキル尺度を用いて，事前事後の得点について比較検討を行った。その結果，社会的スキルの全体得点，共感・援助かかわり因子，積極的・主張的かかわり因子に有意な変化が認められたことを明らかにしている。また，兄井・須﨑（2019）は，７泊８日のキャンプに参加した小学校５年生から中学校２年生までの49名について，東海林ら（2012）が作成した中学生用コミュニケーション基礎スキル尺度を用いて，キャンプの社会的スキルの効果について検討した。その結果，キャンプ前後で有意差が認められなかったことを報告している。

以上の通り，わが国の長期キャンプにおける社会性および社会的スキルに関する研究は，研究自体が少ない。不登校児においては新たな人間関係を作り得ることや肯定的な対人行動への変化が明らかにされていること，また，青木・永吉（2003）の研究において社会的スキルが向上することが報告されている以外には肯定的な知見は見当たらない。

4　発達障碍児を対象にしたキャンプに関する研究

わが国の発達障碍児を対象にしたキャンプは，1969年より朝日厚生文化事業団が九州大学医学部精神科と協力して，ASD児の療育を目的として実施したのが始まりである。名和（1971）によれば，九州大学医学部精神科外来では，日々20名程度のASD児を対象に精神療法を実施していた。しかし，ASD症状の特徴からみても，さらに，治療の結果からしても治療者の誰も，週1回のこの療法（遊戯療法）だけで満足することができなかったために，24時間密接に寄り添い，治療的に組み立てられた生活の中で効果をあげることができないかと考えたことがキャンプのきっかけであったことを記している。

この背景には，ASD児の疾患の原因が当初，母子関係や本人のパーソナリティにあると考えられたため，受容的な治療者－患者関係を作り上げようとする遊戯療法的な関わりが盛んに行われていたが，その後，その原因が認知言語説へと変遷したことによって，このようなハンディキャップを代償する適応能力を高めることが，1対1の個人療法よりも，集団療法ないしは，集団での訓練が重視されるようになった（名和，1971；小林・村田，1977）ことが考えられる。

名和（1971）が療育キャンプを開始した時の主な方法は，人間の疎通性を高めることを目的とした集団遊戯療法を中心とする積極的な精神療法であり，1対1で，決まった治療者がつき，個人精神療法を基盤に「みんなで遊べる体験活動を実施した」と述べている。つまり，療育的な訓練だけをねらいとしたキャンプではなかったことが窺える。また，参加していたASD児には，半分以上がカナータイプの比較的重度の子どもたちも含まれていたと報告されているので，活動はかなり制限があったことが想像され，1対

1で指導にあたっていた理由もこのことによるものであろうと考えられる。

実際の療育キャンプでは，集団精神療法的な方法と集団訓練的な方法の両方を合わせた方法で実施していたとのことである（小林・村田，1977）。これはその後も1980年代後半まで継続され，わが国の発達障碍児を対象にした療育キャンプのモデルとして普及したと考えられる（例えば，木谷，2001；岡本ら，2009）。そして，この他にもYMCAなどの青少年教育団体や民間団体によって発達障碍児を対象にした療育キャンプの実践報告をみることができるが（例えば，福原，2003；中村，2014；石田，2014；竹内・坂本，2018），その数は多いとは言えない。

わが国の療育キャンプは，1泊から3泊程度の日程で実施されている。この療育的なキャンプのねらいは，リハビリテーションとして，あるいは生活訓練や社会参加（黒木，1994）を通じて，行動面の変化（機能改善）や社会的なスキルを学ぶことなどである。初期の研究であるが，小林・村田（1977）は朝日自閉症キャンプを通じて，ASDの子どもの生活面や集団生活面の変化について，①母子分離によって治療者との新たな対象関係が育ったこと，②同一性傾向の行動が崩れることで我慢できるようになること，③身体模倣能力が向上したこと，④対人関係の広がりが認められたことを報告している。

このような療育キャンプは，「療育」という言葉は付されていたものの，そのプログラムやカウンセラーあるいはスタッフの関わりは，いわゆる「療育」や「集団訓練」とは異なっているものであったことが名和（1971）や小林・村田（1977）の資料から読み取れる。小林・村田（1977）は，単に遊戯療法的な接近でもなく，また訓練的方法のみにも限界を認め，子どもたちとの感情的な関わりを大切にしながら子どもとスタッフ，あるいは子ども相互の関係を促進させることを目指していた。また，訓練的な方法と言っても，キャンプソングに合わせてダンスを模倣する程度のものであり，しばしばキャンプにみられるソングゲーム的なもので，子どもたちとの感情的な関わりを損なうものではなかったものであることが理解される。いずれにしても，発達障碍児への治療的なアプローチとして，キャンプの有効性が報告されている。しかし前述の通り，今日に至るまで，発達障碍児を対象にした療育キャンプの実践報告は散見されるものの，内容はプログラムの紹介やキャンプ中の数人の事例報告にとどまっているのがほとんどである。本書で取り上げる，自己概念，あるいは受容感や社会的スキルなどについて発達障碍児を対象に実証的にキャンプの効果を検討している研究は，わが国では行われていない。

以上の先行研究を踏まえると，キャンプセラピーは，発達障碍児の自己概念を高め，社会性を改善しうる可能性がある。プログラムを通じて達成感や自信を得て，人との関係を作り，社会性を獲得することができれば，発達障碍児の自己形成においてきわめて意義深いことであると思われる。わが国では，アメリカのキャンプセラピーと同様なレヴェルの実践は無理にしても，キャンプセラピーを試み，その効果について検証することは，発達障碍児を支援する上で意義のあることであると思われる。

5　実践への展開

本章では，アメリカにおけるキャンプセラピーの効果に関する先行研究，また，わが国のキャンプの効果に関する先行研究，さらに，発達障碍児を対象にしたキャンプに関する先行研究を概観し，第 4 章以降の研究を実施する観点と課題について整理した。

アメリカにおけるキャンプセラピーの効果は自己概念の向上，認知判断傾向等の肯定的な変化などが報告されている。これらは，メタ分析によると中程度の効果である。しかし，自己概念を高める要因や関連する変数などを検討する研究は行われていない。また，キャンプセラピーの社会性あるいは，対人関係の改善に関する効果は，自己概念同様に，おおむね中程度の効果が期待できる。しかし，キャンプセラピーの発達障碍児に焦点を当てた研究は，ほとんど行われていなかった。筆者の知る限りSavidge（2020）の研究のみであり，青年（思春期）ASDでは49％が肯定的な改善であったことを示し，約半分の者が改善したことを報告している。このような知見は，発達障碍そのものを治すことはできないかもしれないが，自己概念に肯定的な効果が期待できることを示している。

一方，わが国の自己概念を調査した研究では，ほとんどが梶田（1980）の自己成長性検査を用いて効果が評価されている。キャンプ前後で参加者の心理的変化が認められる研究とそうでない研究が混在しており，一貫した知見が得られていなかった。向後・坂本（2017）によるメタ分析では，キャンプ直前からキャンプ直後における自己成長性の全体得点の効果量は0.22であり，自己概念に及ぼす効果は，キャンプ前からキャンプ直後において得点が有意に変化することが示されたものの小さい効果であった。実際には筆者の経験上，もう少し高い効果があるように思われる。第４章では，これまでの先行知見と比較するために梶田（1980）の自己成長性検査を用いてキャンプセラピーの効果を検討するが，今後は，キャンプの効果を適切に評価できる尺度の開発が急務に思われる。例えば，アメリカで用いられているYOQの邦訳版を作成するなどは，１つの案かもしれない。

また，わが国の長期キャンプにおける社会性および社会的スキルに関する研究は，一部ソシオメトリーを用いた研究が行われているが研究自体が少ない。肯定的な評価が報告されているのは，青木・永吉（2003）のみである。このようなことから，発達障碍児に限らず，キャンプの社会性に関する研究は，積極的に行われるべきであろう。

わが国の発達障碍児を対象にしたキャンプは，前述の通り，1969年から行われた朝日厚生文化事業団によるものが始まりであった。しかし今日に至るまで，発達障碍児を対象にした療育キャンプの実践報告は散見されるものの，内容はプログラムの紹介やキャンプ中の数人の事例報告にとどまっているのがほとんどである。また，キャンプを独立変数としてある１つの従属変数に及ぼす影響を検討する研究がほとんどであり，複数の変数の関係を検討するような研究は，ほとんど行われていない。したがって，第５章では，発達障碍児を対象に，自己概念に及ぼす効果と合わせて自己概念と被受容感および社会的スキルの複数の変数間の関係について検討する。

第Ⅱ部

統計的研究

キャンプセラピーが
発達障碍児の自己概念に及ぼす影響

第Ⅱ部への序

第4～6章では，これまでに筆者が関わったキャンプセラピーから3例を取り上げ，キャンプセラピーが発達障碍児の自己に及ぼす効果について，質問紙法や描画法を用いて数量的なデータから明らかにする。前章で示した通り，アメリカのキャンプセラピーでは，自己概念（客体的自己）に及ぼす効果が報告されていた。また，効果量では中程度の効果が明らかになっていた。しかしながらわが国において，どの程度の効果が得られるかは検証の余地があるだろう。わが国では，発達障碍児のみを対象にしたキャンプセラピーは，ほとんど行われておらずその知見が少ない。したがって，キャンプセラピーが発達障碍児の自己概念に及ぼす影響について検討することは意義があると考えられる。

なお，本研究は，所属大学の研究倫理委員会の審査を経て実施した。回答はすべて集団データとして統計処理がされ匿名性が保たれること，研究への協力は自由意思に基づくものであることを説明し倫理的配慮を行った。

第4章

心理的課題を抱える生徒を対象とした キャンプセラピー ——発達障碍児のみの検討——

1 はじめに

わが国では，発達障碍児を対象にしたキャンプの評価は行われていないが，前章で紹介した通り，教育キャンプでは梶田（1980）の自己成長性検査（自己概念）を用いて効果検証されているものが多い。そこで，本章においても同様の質問紙を用いて，キャンプ前後の変化について検証する。また同時に効果量も算出し比較検討を行う。なお，本章で取り上げるキャンプセラピーの参加者は，定型発達児（非臨床群）を含まず，心理的課題を抱える生徒であるが（非統合型キャンプセラピー），そのなかで，発達障碍児のみを本章の検討の対象にする。

また，発達障碍には下位分類が存在し，それぞれ示す特徴が異なっている。例えば，ASDでは，社会性やコミュニケーションが苦手でこだわりに特徴がある。ADHDでは，多動性や衝動性に特徴があると言われている。田中ら（2015）の研究では，ASD児はいじめ被害にあいやすく，ADHD児では加害者になりやすいなど違いがあるとの報告もあり，この両群を比較検討することも重要であると思われる。本章では，発達障碍のうちASDの特徴を強く示す生徒とADHDの特徴を強く示す生徒を分類し，自己概念に及ぼす影響の違いについても検討を行う。

2　研究方法

(1) キャンプセラピーの概要

1）ねらい・日程・クライエントの募集・プログラム構成

このキャンプセラピーは，心理社会的課題を抱える生徒（不登校，ひきこもり，非行・問題行動，発達障碍）を対象に，長期にわたる生活体験・冒険体験を通して自信や社会性を育み，日常での生活の変容につなげることを目標として行われた。

キャンプセラピーの全日程期間は，X年7月からX年10月に及ぶものであり，全体で3週間であった。なお，これとほぼ同じ日程・期間のキャンプはその後毎年，行われ，合計5回（足かけ5年）となった。

①オリエンテーション・インテーク　7月下旬の土日のいずれか2時間程度

②メインキャンプ　8月上旬から下旬（17泊18日）

③フォローアップキャンプ　10月上旬（1泊2日）

クライエントの募集は，インターネットや，新聞等の広告，適応指導教室を通じてキャンプ概要や募集要項を配布することにより行った。その後，クライエントからの連絡を受け，7月下旬のオリエンテーション・インテークの調整を行った。なお，オリエンテーション・インテークには，保護者用の調査票と子ども用の調査票に記入を求め，持参してもらった。

キャンプセラピープログラムは，①オリエンテーション：インテーク面接，②メインキャンプ：冒険的プログラム（MTBグループ走，沢登り，MTB

個人走，カヌー，ロッククライミング，洞窟探検，高所登山），③フォローアップキャンプ：キャンプのVTR鑑賞，振り返り，個人面接，保護者面接によって構成されていた。また，このキャンプセラピーでは，自己概念などの自己成長の向上を段階的に達成するために，初日から最終日までを，6つの段階に分け，それぞれの段階ごとにねらいが設定されていた（**表4-1**）。スケジュールの詳細は**表4-2**の通りである。

表4-1　キャンプセラピーのねらい

Ⅰ　キャンプの準備 （第1日～第2日）	・キャンプの見通しをもち，野外での生活に必要なスキルを身につける。 ・移動手段であるMTBの乗り方，修理のスキルと交通マナーを理解する。 ・キャンプの目的と目標を設定し，それに向けた心の準備をする。
Ⅱ　仲間を知る （第3日～第5日）	・キャンプでの生活習慣を重視し，共同生活を通して望ましい生活習慣を身につける。 ・グループでのMTBのルートハンティング，沢登り，野外炊事などを通じて，仲間の良いところなど個性を知る。 ・1日の活動の終わりに実施する振り返りやディスカッションを通じて，仲間をよりよく理解する。
Ⅲ　協力・課題解決 （第6日～第8日）	・参加者同士がお互いをサポートし，協力することを重視する。 ・課題解決的な活動の中で困ったことや問題があればグループの意見を尊重し，自分たちで解決策を見つける。 ・課題解決の機会を通じて他の仲間とのつながりをさらに築く。
Ⅳ　リーダーシップ （第9日～第11日）	・グループにおける役割を把握し，リーダーシップやフォロワーシップの力を発揮する機会を重視する。 ・個々人の意見や考えを述べたり，他者の意見を尊重し，目標達成への意欲をさらに高める。
Ⅴ　挑戦 （第12日～第16日）	・より高度な冒険プログラム（ロッククライミング・高所登山）に挑戦する。 ・高度な冒険プログラムに挑戦することにより達成感を得て自信を深める。
Ⅵ　キャンプの振り返り （第17日～第18日）	・17日間の冒険プログラムを振り返り自己の変化や成長に気づく。 ・キャンプの意義や意味について考える。 ・使った装備のクリーンアップを通じて心理的なクールダウンをする。

＊上記のねらいは，18日間の協力，挑戦，課題解決を要する冒険プログラムに取り組む中で特に重視したねらいである。

表4-2　キャンププセラピープログラム

■オリエンテーション・インテーク面接

	オリエンテーション・インテークの内容
2～3時間	①キャンプの概要の説明：キャンプの趣旨説明・プログラム概要の説明 (VTR・資料) 個人装備の説明 ②インテーク面接（子ども）：個別面接・描画法（風景構成法） ③インテーク面接（保護者）：生育歴・問題歴・経過の把握 ④キャンプセラピーの参加条件の説明：リミットセッティングの確認・同意書へのサイン

■メインキャンプ（17泊18日）

	プログラム	活動場所	県	宿泊
第1日	はじめの会 ①仲間作りゲーム	A大学キャンプ場	J県	宿舎泊
第2日	②MTB・野外生活技術トレーニング ③目標設定と振り返り	B山周辺 A大学キャンプ場	J県	テント泊
第3日	④MTBグループ走（出発）	一般道・サイクリングロード	J県・K県	テント泊
第4日	④MTBグループ走	一般道	K県・L県	テント泊
第5日	⑤沢登り ⑥懸垂下降	C岳D沢	L県	テント泊
第6日	④MTBグループ走（峠越え）	一般道	L県	テント泊
第7日	⑦MTB個人走（峠越え）	一般道	L県・M県	ロッジ泊
第8日	⑧休養日・手紙書き	宿泊地	M県	ロッジ泊
第9日	④MTBグループ走	一般道	N県	テント泊
第10日	⑨カヌー	E川	N県	テント泊
第11日	④MTBグループ走	一般道	N県	テント泊
第12日	⑩ロッククライミング	F岳	N県	テント泊
第13日	⑪洞窟探検 ④MTBグループ走/登山準備	G風穴 一般道・宿泊地	N県・O県	テント泊
第14日	⑫高所登山	H山	O県	山小屋泊
第15日	⑫高所登山（ご来光）	H山	O県	テント泊
第16日	④MTBグループ走 （ゴール）	I川河口 A大学キャンプ場	O県・J県	テント泊
第17日	⑬クリーンアップ	A大学キャンプ場	J県	テント泊
第18日	おわりの会	A大学キャンプ場	J県	

■フォローアップキャンプ（1泊2日）

	プログラム	活動場所	県	宿泊
第1日	はじめの会 ①キャンプのVTR鑑賞 ②グループによる振り返り	A大学キャンプ場	J県	A大学キャンプ場 テント泊
第2日	おわりの会 ③個人面接 ④保護者面接	A大学キャンプ場	J県	

2）参加者とグループの支援体制

合計5回のキャンプセラピーの参加者は51名（うち発達障碍と診断されているか，もしくは発達障碍の傾向を指摘される生徒は23名）。各回平均の参加者は約10名，うち発達障碍の生徒は3～5名であった。

キャンプセラピーのグループは，クライエントが最大で6名，それにキャンプカウンセラー2名から成る小集団で，グループの数は1または2グループであった。キャンプカウンセラーの他に，プログラムディレクター1名，マネージメントスタッフ2名，臨床心理士1名によって構成されていた。

3）オリエンテーション・インテーク面接

①キャンプの概要の説明

オリエンテーションでは，18日間のメインキャンプの概要を説明し，クライエントの動機（レディネス）を高め興味を持ってもらえるように，活動のVTRなどを鑑賞してもらった。その後，プログラムに必要な服装，備品の説明をし，疑問点があれば回答した。

②インテーク面接（子ども：クライエント）

インテーク面接は，クライエント（子ども）の面接と保護者面接に分かれて実施した。インテーク面接のねらいは，クライエントを面接から見立てることであった。まず，クライエント面接では，事前の調査票を参考に，なぜ参加しようと思ったのか，現在の問題や課題，キャンプセラピーに期待すること，キャンプへの不安などについて聴取しながら，クライエント理解がなされるように話を聴いた。

また，キャンプへの不安が高いと思われる場合には，クライエントの不安を受け止め，軽減されるように面接を進め，面接者との良好な関係が形成されるように実施した。また，心理臨床的な観点からの見立ての一助にするために描画法を実施した。面接と描画法（風景構成法）は筆者が行った。

③インテーク面接（保護者）

保護者面接は，子ども面接と並行して行っており，事前の調査票を基にクライエントの生育歴，問題の経過，家族力動などを聴取し，見立てに生かせるように話を聴いた。また，キャンプセラピーへの不安や疑問に応じ，安心してクライエントをキャンプセラピーに参加させることができるように心がけて実施した。面接は，筆者以外のスタッフが実施した。

④キャンプセラピーの参加条件の説明と契約

キャンプセラピーでやってはいけない制限及び条件（リミットセッティング）について説明した。また，キャンプセラピーにおける調査の協力などについて説明し，キャンプセラピーの趣旨も含めて賛同が得られれば，同意書に署名を求めた。

4）メインキャンプ（冒険プログラム）

メインキャンプは6つの段階からなり，段階毎にねらいが設定されていた（**表4-1**）。キャンプカウンセラーの関わりをできるだけ減らし，クライエントたちだけで課題を解決できるようにした。またキャンプを通じてクライエントとキャンプカウンセラーの関係性が深まるようにカウンセリングすることに注意が払われていた。

①仲間作りゲーム（Action Socialization Experience）

１人では解決できない課題に対して，グループのメンバーが協力して課題を解決する活動である。この活動を通して，初めて出会ったメンバー同士，あるいはキャンプカウンセラーとクライエントが，アイスブレークによって緊張をほぐし，相互理解を得るなど関係作りをねらいとしていた。この日はＡ大学キャンプ場にて宿舎泊。

仲間作りゲーム

② MTB・野外生活技術トレーニング

プログラムの移動の手段であるマウンテンバイク（MTB）の乗り方，タイヤの着脱，チェーン修理の方法について学習した。また，実際にＢ山の峠まで走り，一般道で隊列を組んで走りその方法を実習した。また，18日間生活するためのテント設営，野外炊事の方法などについても実習した。キャンプカウンセラーは，クライエントのMTBの走力を確認するなど，体力的な見立てを行うことをねらいにしていた。

MTB トレーニング

テント設営練習

③目標設定と振り返り

キャンプ出発前夜となる２日目の夜，18日間のキャンプセラピーの個人の目標を決めた。そして，プログラムのスタートからゴールまでの概略図に個人の目標を記入した。また，毎夜，１日の振り返りをグループで実施し，自分が感じたこと，考えたことなどを自由に語る場を設けた。なお，振り返り後には，自分の１日の達成度に相当するビーズ（例えば，達成度が高い場合は大きなビーズを選ぶ）を選んで，皮の紐に通しブレスレットを作った。最終的には，18個のビーズのブレスレットが出来上がるようになっていた。

目標設定と振り返り

④ MTB グループ走

MTBは，ルート図を頼りに，決められたルートを辿りながら，グループ全員で協力して目的地を目指すメインのプログラムであった。ルートを間違えた場合には，間違えた地点まで戻り，ルートを走ることになっていた。また，キャンプカウンセラーは原則として，危険な箇所を除き，クライエントの後ろをやや離れて走った。キャンプの第９日目では，プログラム最長の80kmを走り，また第16日目の最後のグループ走では，キャンプカウンセラーは帯同せず，クライエントだけで走り，キャンプカウンセラー及びスタッフはゴール地点で待つというルールとなっていた。

MTB グループ走

⑤沢登り

C岳D沢で，沢の流れに逆らいながら登るというプログラム。小滝，大滝を，お互いが手を出したり，スリングなどの補助テープで引いたり，また，背中を押すなどして，全員で協力しながら沢を遡行した。

沢登り

⑥懸垂下降

C岳D沢の大滝を，自分でザイルと下降器を使って懸垂下降を行った。

懸垂下降

⑦ MTB 個人走

通常は，グループで走るが，このプログラムでは，自分１人だけで走るプログラムであった。コースは，18kmの峠越え（登坂のみ）で，ねらいは自己への挑戦であった。また，キャンプカウンセラーも一緒に走り，一所懸命な姿を見せた。個人の挑戦と同時に，キャンプカウンセラーも挑戦する姿を見せることによって，共体験する姿勢を示すことなどもねらいにしていた。

MTB 個人走

⑧休養日・手紙書き

18日間の中で唯一の休養日であった。振り返りでは，中間の自己評価をし，残りのプログラムに向けての目標を再確認した。また，家族への手紙を書いた。内容は自由であったが，家族に向けて自身が頑張っていることや家族への想いを綴る者が多かった。

⑨カヌー

２人乗りのインフレータブルカヌーに乗り，協力して瀬（ホワイトウォーター）を乗り越える。リズムを合わせて，２人で漕ぎ続ける必要があるため，お互いに協力することがねらいとなっていた。

カヌー

⑩ロッククライミング

デシマルグレードの5.3～5.5程度の岸壁に挑戦した。岩壁と向き合うことを通じて，自分と向き合うことがねらいであった。また，ザイルを使って登はんする際に他者を確保することを通じて，お互いに声をかけ合い，ザイルのテンションを感じることによって信頼感を醸成することがねらいであった。

ロッククライミング

クライミング確保

⑪洞窟探検

H山の風穴を探検した。氷で覆われた洞窟内でヘッドライトを頼りに探検した。途中，這って前進しなければならないような閉所もあり，楽しい中にも挑戦心が必要とされた。

洞窟探検

⑫高所登山

日本一の高山であるH山を1泊2日で登山した。初日は，8合目まで登り，翌朝，山頂でご来光を見るプログラムであった。

H山登山

H山山頂

⑬クリーンアップ

MTB，テント，沢靴などの装備を清掃した。クライエントは，17日間という長期にわたり，非日常の挑戦を継続してきたことにより大きな達成感を得ている。クライエントの中には，なんでもできると感じる万能感が大きくなっている者がいるため，心理的なクールダウンをする必要がある。これは片付けをしながら，日常に戻るための準備として位置づけている活動であった。

5）フォローアップキャンプ（振り返り）

①キャンプのVTR鑑賞

18日間のキャンプのVTR（20分程度）をクライエント，保護者同伴で鑑賞した。クライエントには，キャンプの振り返りに活かすことをねらいにしていた。

②グループによる振り返り（キャンプファイヤー）

キャンプファイヤーを囲みながら，今，感じていること，考えていることなど自由に話せる雰囲気をつくり，クライエント全員で振り返りを行った。

③個人面接

前日の全員による振り返りと異なり，面接室でキャンプセラピーの感想，キャンプセラピーで変わったことやキャンプの意義についてクライエントから話を聴いた。また，現在，日常での生活をどのように送っているのかなどについてもたずねた。面接の最後に描画法（風景構成法）を実施した。

④保護者面接

キャンプセラピーでの活動の様子などについて報告した。事前の課題や問題点などについてキャンプではどのように対処していたか，あるいはどのように変化したかなどについて説明した。また，保護者からのキャンプ中の様子をたずねる質問に答えられる範囲で回答した。保護者には，クライエントのキャンプ後の日常生活の様子などについてたずねた。

6）キャンプカウンセリングの方針

スタッフは事前にロジャーズ（1966b）のカウンセリングの態度３条件を理解し，これを基礎として関わることとし，さらに以下のことに留意してキャンプカウンセリングを行った。

①野外活動の指導では安全第一を原則とし，安全に関する介入は最優先する。

②少人数のグループに信頼できるキャンプカウンセラーが常にそばにいる環境で，安心感が得られるようにプログラムを展開する。

③プログラムでは安全の範囲内において，個人，グループの自己決定，自己責任を重視する。

④毎夜行われる振り返りでは個人の主張や価値観を尊重する。

⑤なるべく成功体験（達成感）を与えることができるようにする。

また，最も大切にしたことは，クライエントに対して，野外活動中に即座に停止させるような危険な行動を除いて，行動の規則や厳しい指導などの介入をするのではなく，できるかぎり主体性をもたせて解決できるようにすることであった。

例えば，クライエント同士の問題行動であっても，すぐには制止しおさめることはせずに，クライエントの反応や表現することを許容しながら対応することにした。これ以外は，原則的に各キャンプカウンセラーにキャンプカウンセリングの方法は任されており，状況に応じて柔軟に関わることが確認されていた。

（2）調査方法

1）対象者

本研究の対象者は，このキャンプセラピーにX年からX＋5年に参加したクライエント51名のうち，発達障碍と診断されているか，もしくは発達障碍の傾向を指摘される生徒23名（男子21名，女子2名，平均年齢13.43±0.84）を対象者とした（以下発達障碍児と略す）。各年の発達障碍児のクライエント数はX年：5名，X＋1年：3名，X＋2年：5名，X＋3年：4名，X＋4年：3名，X＋5年：3名であった。キャンプセラピーは全体で21日間と長期であり，日程やプログラムがほぼ同じであること，また各年のデータのばらつきを確認した上で，6年間の対象者をまとめて分析することは妥当であると判断した。

また，参加者のうち残りの28名については，神経症圏，人格障碍圏，統合失調症等抱えている疾患がさまざまで，個人差が大きく，本研究の発達障碍群との比較は困難と判断した。

2）調査の内容

梶田（1980）によって作成された4因子31項目からなる自己成長性検査を用いた。調査用紙は，31項目に対して「非常に当てはまる（5点）」から「全く当てはまらない（1点）」の5件法で回答するものであった。

梶田によれば，自己成長性とは「自己形成ないし自己実現に関する態度や意欲」に関する自己概念（自己意識）と説明している。自己成長性を構成する因子は，「達成動機因子」「努力主義因子」「自信と自己受容因子」「他者のまなざし意識因子」の4因子から構成されている。得点が高ければ，自己概念が高いことを示している（**表3-5**）。

梶田（1980）は，達成動機因子の軸は，自己成長性を支える意欲に関わっており，努力主義因子の軸は，そのような意欲に支えられて行動を行っていく場合の基本的な規範とそれに基づく自己統制の習慣・態度を示すと説明している。一方，自信と自己受容因子，他者のまなざし意識因子の軸は，自己成長的な意欲や態度を基盤的に支えるものと述べている。自信と自己受容があってはじめて自己成長への努力も着実になるし，他方，他者のまなざしを意識することで達成動機が高くなることにも言及し，４つの軸がそれぞれ関わり合っていると述べている。

3）調査の手順

自己成長性検査は，①キャンプ前，②キャンプ直後，③１ヵ月後の３回実施した。①については，メインキャンプの初日のはじめの会の後，質問紙に回答を求めた。また，②は，メインキャンプのおわりの会の前に回答を求めた。③は，フォローアップキャンプのおわりの会の前に実施した（**図 4-1**）。また，調査の回答時には，筆者が１項目ずつゆっくり読み上げ回答をさせた。質問の意味が解らない場合は，挙手をするように教示した。回答には，全員協力的であり回答を拒否した者はいなかった。また，回収後，同じ得点だけに回答していないか，欠損値がないか確認した。

①キャンプ前 1日目　はじめの会	②キャンプ直後 18日目　開講式前	③キャンプ1ヵ月後 最終日　おわりの会

メインキャンプ 8月上旬	メインキャンプ 8月下旬	フォローアップキャンプ 10月上旬

図4-1　調査の手順

4）データの分析

数量的データは，必要に応じて有意差検定を実施し，有意差はすべて５％水準以下とし，有意傾向は10％水準以下とした。なお，多重比較の分析にはすべてHolm法を用いた。データの分析には，js-STAR ver 8.0.1jを用いた。

3　結果

(1) 発達障碍群の自己概念

キャンプセラピーに参加した発達障碍群の自己概念について自己成長性検査を用いて，キャンプ前，キャンプ直後，1ヵ月後に調査した。そして自己成長性検査の４因子について一元配置分散分析を用いて分析した。また，それぞれの因子についてはキャンプ前からキャンプ直後の効果量Hedgesのgを算出した（**表4-3**）。

その結果，達成動機因子，努力主義因子，他者のまなざし意識因子において，有意差が認められ，Holm法による多重比較を行った。達成動機因子においては，キャンプ前に比較してキャンプ直後が有意に高い得点を示したが，1ヵ月後は，キャンプ前よりも有意に低い得点を示した。また，努力主義因子では，キャンプ前よりもキャンプ直後が有意に高く，1ヵ月後ではキャンプ前よりも得点は高いものの有意差は認められなかった。他者のまなざし意識因子では，キャンプ前後は有意な差はないものの，キャンプ直後に比較して１ヵ月後が有意に低い得点を示した。自信と自己受容因子では，有意差は認められなかった。また，キャンプ前からキャンプ直後の効果量では，達成動機因子，努力主義因子で中程度の大きさを示し，自信と自己受容因子，他者のまなざし意識因子は小さな効果量であった。キャンプ前から１ヵ月後では，すべての因子で小さな効果を示した。

表4-3　発達障碍児の自己成長性検査得点の変化と効果量（n=23）

	キャンプ前①		キャンプ直後②		1ヶ月後③		F	多重比較	ES（g）	
	M	SD	M	SD	M	SD			①－②	①－③
達成動機	27.60	4.06	29.47	3.84	26.08	3.75	11.47**	①<② ①>③ ②>③	0.47	0.39
努力主義	28.82	3.76	30.82	3.21	29.52	3.44	4.70*	①<②	0.57	0.19
自信と自己受容	20.30	3.89	21.65	6.02	21.17	4.67	1.16		0.31	0.20
他者のまなざし	27.65	4.70	28.21	5.44	26.04	4.72	4.14*	②>③	0.11	0.34

*p<.05 **p<.01 効果量g　小0.2　中0.5　大0.8

（2）ASD群とADHD群の自己概念の比較

本研究における発達障碍群には，ASDの特徴（例えば，社会性・コミュニケーションの困難）が顕著な者とADHDの特徴（多動性，衝動性，不注意など）が顕著なクライエントがいた。それぞれの自己成長性検査の得点の変化について比較検討した（**表4-4**）。

4因子いずれも交互作用は，認められず，群の主効果も認められなかった。時期の主効果については，達成動機因子，努力主義因子，他者のまなざし意識因子について有意差が認められた。これは，先述の発達障碍群全体の自己概念の変化と同じ結果を示した。しかし，キャンプ前後（キャンプ前とキャンプ直後）の効果量で比較すると，ASD群は，努力主義因子，自信と自己受容因子では，ADHD群に比べて自己成長性検査の得点が低いものの効果量は大きい値を示した。

一方で，他者のまなざし意識因子では，ASD群は，ADHD群に比較して小さい効果を示した。当初，両者の特徴が異なるため，自己成長性検査の得点の変化あるいは，群間に差異が認められることを予測したが，有意差検定では違いを見出すことはできなかった。しかしながら，効果量で比較すると，因子によって効果が異なり，達成動機因子，努力主義因子と自信と自己受容因子では，ASD群に効果が大きいと言えそうである。一方，他者のまなざし意識因子では，ADHD群に比べるとASD群では効果はほとんどないと言える。

表4-4　ASD群（n=12）とADHD群（n=11）の自己成長性検査得点と効果量の比較

	キャンプ前①		キャンプ直後②		1ヶ月後③		交互作用	主効果	ES（g）①－②
	M	SD	M	SD	M	SD			
達成動機									
ASD児	26.58	4.55	28.83	3.71	24.75	2.71	0.51	群　：2.23	0.54
ADHD児	28.72	3.07	30.18	3.85	27.54	4.16		時期：10.98**	0.41
努力主義									
ASD児	28.08	3.45	30.50	3.22	29.00	3.39	0.21	群　：0.75	0.72
ADHD児	29.63	3.91	31.18	3.15	30.09	3.42		時期：4.44**	0.43
自信と自己受容									
ASD児	19.08	3.70	21.08	5.34	21.75	4.43	2.38	群　：0.20	0.43
ADHD児	21.63	3.65	22.27	6.63	20.54	4.84		時期：2.38	0.11
他者のまなざし									
ASD児	28.50	3.54	28.08	5.12	25.41	3.56	2.10	群　：0.00	0.09
ADHD児	26.72	5.56	28.36	5.77	26.72	5.64		時期：4.20*	0.28

*p<.05 **p<.0効果量g　小0.2　中0.5　大0.8

4　考察

発達障碍群では,「私は自分の能力を最大限に伸ばせるよう,いろいろなことをやってみたい」「私は他の人にはやれないことをやりとげたい」などの達成動機因子では,キャンプセラピー直後では効果が認められた。しかし,1ヵ月後にはその得点が低下していた。梶田（1980）は,達成動機は個人の理想の自己への意欲に関わると述べているが,発達障碍群においては,キャンプセラピーによって理想自己への意欲を高めたと考えられるが,1ヵ月後までは維持されなかった。発達障碍群は,キャンプ中に高まった意欲を日常生活において維持することが難しいと言える。また,「私は1度自分で決めたことは途中でいやになってもやり通すよう努力する」「私は他の人に認められなくても,自分の目標に向かって努力したい」などの努力主義因子においては,キャンプ前に比較してキャンプ直後で得点が向上し,1ヵ月後ではキャンプ前よりは高いがキャンプ直後よりも低い得点を示した。努力主義因子は,達成動機因子の意欲に支えられて行動を行っていく場合の基本的な規範とそれに基づく自己統制の習慣・態度を示すと説明されている(梶田,1980)。キャンプセラピーでは,自己統制の習慣・態度がキャンプの規則正しい生活等によってキャンプ終了までに高まることが明らかになった。

向後・坂本（2017）は,自我（主我）の側面である達成動機因子や努力主義因子は,冒険的な体験を通してキャンプ直後に肯定的な影響を受けやすいことを指摘しているが,同様の結果を示した。これは18日間という長期に渡るプログラムをやり遂げた達成感がキャンプ直後に肯定的に影響したと思われる。しかし,キャンプ後はこれら因子の得点は低下することも明らかになった。

また，「私は自分を頼りないと思う（反転項目）」「私は人より劣っているのではないかと思うことがよくある（反転項目）」などの自信と自己受容因子や「他の人からどんなうわさをされているのか気になる方である」「自分が少しでも人からよく見られたいと思うことが多い」などの他者のまなざし意識因子は，自我（客我）の側面であり（向後・坂本，2017），他者と比較して相対的に捉えられるような自己概念と言える。一門ら（2008）や金井・上村（2007）は，発達障碍群の自尊感情について，自信因子と自己受容因子が低いことを報告している。本研究の発達障碍群においても，自信と自己受容因子のキャンプセラピー前後の得点は差が認められなかった。キャンプセラピー自体はやり遂げたものの，プログラムの強度に対する自己評価や他者との比較から，自分を過小評価したのではないだろうか。また，他者のまなざし意識因子は，１ヵ月後には得点が低下していた。発達障碍群は自己中心性が高くマイペースに見られがちであるが，案外，他者の視点を取り入れていることが窺われた。他方，これは，キャンプセラピーに過剰適応していたとも考えられる。いずれにしても，キャンプセラピー中は，必要以上に他者への意識が高くなると言える。

一方，効果量からみると，達成動機因子（0.47），努力主義因子（0.57）は，中程度の効果を示し，自信と自己受容因子（0.31），他者のまなざし意識因子（0.11）は小さな効果を示し，肯定的な変化を概ね支持できると言えよう。また，この効果量の大きさは，向後・坂本（2017）の教育キャンプの自己概念の値（達成動機因子：0.23，努力主義因子：0.27，自信と自己受容因子：0.02，他者のまなざし因子：-0.02）に比較していずれの因子も大きな値を示した。このことは，キャンプセラピーが教育キャンプに比較して効果的であったことを示している。

このように，キャンプセラピーにおける発達障碍群の自己概念の変化においては，努力主義因子や達成動機因子など自己統制に関する因子は，キャンプ直後までは，肯定的に影響するが，自信と自己受容などの自尊感情に関する因子には効果が低いこと，また，他者からの評価の意識が高いことが特徴であることが推察される。

アメリカにおけるキャンプセラピー研究では，自尊心や自己統制に関連する認知判断傾向（locus of control）などの自己概念が向上することが示されている（例えば，Bettmann et al. 2016；Wright，1982；Gibson，1981）。本研究では，自己概念のうち，認知判断傾向（locus of control）に類似している因子である努力主義因子や達成動機因子に関わる変数に向上が認められ，これは一致をみたものの，自尊心については異なる結果となった。

発達障碍児においては，元々自尊感情が低いことが知られているが，このような低い自尊感情（自信と自己受容因子）や自己意識を肯定的に変化させるには，プログラム後においても成功体験を繰り返し得られるような工夫が必要ではないだろうか。

また，本研究では，ASD群とADHD群の自己概念について比較を行った。ASD群とADHD群は，ぞれぞれの特徴の違いから，キャンプセラピーにおける自己概念の効果の違いを予測したが，違いは認められなかった。しかしながら効果量からみると，ASD群に効果が大きいことが窺われた。ASD児では，いじめ被害にあいやすく，ADHD児では加害者になることなどが指摘され（田中ら，2015），その違いを報告している研究もある。また，発達障碍児においては，障碍が併存することが多く，明確に両者を区別することが難しいこと，障碍には個人差があること，比較の対象者の数が少ないことから，慎重に研究知見を積み重ねる必要があると言える。

5　実践への展開

本章では，キャンプセラピーが発達障碍児の自己概念に及ぼす効果について質問紙法を用いて検討した。また，ASD群とADHD群の自己概念の違いについて比較検討した。

キャンプセラピーで，発達障碍児の自尊感情（自信と自己受容）を高めるには，プログラム後においても，繰り返し成功体験が得られるような工夫や，面接などの振り返りで肯定的な意味づけができるように共感的に話を聴く等が必要である。

また，発達障碍児は，キャンプセラピー中は，他者の評価に対する意識が高いと言える。これは必要以上にプログラムやグループに適応しストレスになっている可能性がある。したがって，プログラムや環境を柔軟に変えることによって，過剰な適応を減少させるよう考慮することが必要であろう。すなわち，あらかじめ考えた計画的なプログラムにとらわれ過ぎないことが大事である。

続いて，ASD群とADHD群の自己概念の比較では，大きな違いが認められなかった。一般的にASD児は，コミュニケーションの困難さから，自分自身を孤立させることが多く，自己概念が低い傾向にある。しかし，キャンプセラピーによって，自分自身に対する肯定的な自己概念を持つことができるようになる可能性がある。一方，ADHD児は，しばしば注意されることが多く，自分自身が無力であると感じることが多いと言われている。例えば，プログラムにおける失敗の体験の繰り返しは，自己概念を低下させることがあると思われる。このような両者の自己概念の特性の違いを把握しキャンプカウンセリングを行うことが重要であろう。

第5章

自己概念，被受容感，社会的スキル
——定型発達児との比較——

1 はじめに

本章では，発達障碍児と定型発達児の両群が参加するキャンプセラピー（統合型キャンプセラピー）が自己概念に及ぼす効果について比較検討する。発達障碍児は，自己概念（客体的自己）を定型発達児と比較して低く評価することが指摘されている。小島（2012）は，発達障碍児と定型発達児の自己理解などの自己概念の違いを指摘し，その要因は，①重要な他者からの評価，②他者との比較，③理想自己とのギャップ，④実際の失敗・成功経験などをあげている。したがって，キャンプセラピーにおいても，定型発達児と発達障碍児ではその効果や有効となる支援のあり方が異なることが推察される。そこで，本章では，発達障碍群と定型発達群が参加するキャンプセラピーを実践し，定型発達群との比較から自己概念に及ぼす効果と特徴について検討する。なお，本章の自己概念とは，平石（1990）の自己肯定意識を指している。平石は，Rosenberg（1979）の自己概念を自己肯定意識として捉え，対自己領域と対他者領域の2つに分けて測定するものとし，心理学的健康に着目し対象者の発達のあり方を検討するために自己肯定尺度を作成したのである。一般的に，発達障害児にとって自己肯定尺度は回答し易い。発達障害児は肯定的，否定的な評価をたずねる項目については，彼らにとって回答し易いからである。一方，自己成長性検査は，将来の自分自身についての評価をたずねる質問が含まれており，発達障害児にとっては，将来の自分について具体的なイメージを持つことが難しい（本田，2017）ため，回答しにくい場合がある。したがって，本研究では平石の尺度を小学生用に平易にした加藤（2013）の尺度を用いる。

また課題のもう１つは，発達障碍群の自己概念を向上させる要因を検討することである。自己概念は，人との相互作用の中で育まれるものであるが，発達障碍群は，人との相互作用が不得手である。人との情緒的なつながりが脆弱であるため（ホブソン，2000；トレヴァーセンら，2005）被受容感が低く，社会的なスキルも未熟である（Parker and Asher，1987）。したがって，発達障碍児の自己概念の形成には，同年代の仲間と良好な関係を形成し，社会的スキルを身につけることが，欠かせないと推察される。そこで，このような先行知見から，キャンプセラピーが，被受容感を高めそのことによって，社会的スキルを身につけ，さらに自己意識が高まることを仮説とし検証する。

以上より，本章では定型発達群を含むキャンプセラピーを実践することで上記の課題を検討することを試みる。定型発達群と発達障碍群を統合して活動するキャンプの特徴は，定型発達児と発達障碍児の子ども間の相互作用にある。特に同年代の定型発達児たちの集団の中でのやり取りから対人行動を身につけ，社会性を高める可能性がある。関係発達的なキャンプは，日常的な常態化した人間関係とは異なり，新しい仲間との関係性を築きやすいため，情緒的な被受容感や社会的スキルを高めることが期待される。

2　研究方法

(1) キャンプセラピーの概要

1) ねらい・クライエントの募集・プログラム構成

本キャンプセラピーは，不登校や発達障碍児を積極的に受け入れ，定型発達児と共に活動することによって，彼らの課題の解決や支援を目指すキャンプセラピーでX年からX＋4年にわたって毎年1回夏期休暇中に実施された。不登校や発達障碍児は，日常の学校生活での人間関係形成の失敗や気になる行動やつまずきから，自尊心の低下など心理社会的な問題を引き起こす者が多い。したがって本キャンプでは，社会性を身につけ新たな人間関係を形成し，自尊心などの自己概念を高めることをねらいとした。

さらに，キャンプセラピーでは，子どもたちの「社会を生き抜く力」の育成を目的とし，「社会を生き抜く力」を具体的に「自立」「協働」「感謝」と捉え，以下の3つのねらいの達成を目指すようにスタッフ間で共有されていた。

①普段の生活にはない，さまざまな困難な体験を乗り越えながら，諦めずに最後までやり抜く力を育成する〔自立〕。

②仲間と共に支え合い，お互いに高め合いながら，活動することができる人間性を育む。また，仲間との活動を通して自分自身に誇りと自信をもつことができる〔協働〕。

③身の回りにある環境のありがたさを，体験的に学ぶことができる〔感謝〕。

これらのねらいを段階的に達成するために，活動を４つの段階に分け，それぞれの段階ごとにもねらいが設定されていた。各段階のねらいについては後述する。

クライエントの募集は，インターネット，適応指導教室を通じてキャンプ概要や募集要項を配布して行った。また，新聞等の広告を通じて周知した。定員は18名までとし，不登校や発達障碍などの課題を抱える児童生徒は，６名を定員とし，申込時に保護者に問題や課題の内容について記入を求めた。

キャンププログラムは，①１泊２日のプレキャンプと②12泊13日のメインキャンプによって構成されていた。プレキャンプ及びメインキャンプのプログラムの概要は，**表５-１**に示す通りである。メインキャンプは，冒険プログラムで，Aトレイルトレッキング（全長80km）と2,000mを越える高所の縦走登山（全長20km）で合わせて100kmを踏破するものであった。

また，２日間のトレイルトレッキングの合間に，１日はラフティングなどのリフレッシュ的なアクティビティが行われた。また，４つの段階では，参加者である子どもたちにそのねらいを意識させるようにプログラムディレクターやキャンプカウンセラーから説明が行われていた。プレキャンプ及びメインキャンプの詳細は以下の通りであった。

２）プレキャンプ

プレキャンプにおいては，保護者と参加する子どもに対して，キャンプのねらいやプログラムの概要，服装や装備などについて説明し，長期キャンプへの不安の軽減を図るために質疑応答には充分な時間をとった。以上のガイダンス以外に，メインキャンプへのレディネスを高めるために以下の活動を実施した。また，活動を通してキャンプに参加する仲間を知ることをねらいとしていた。

表5-1　プレキャンプとメインキャンプ プログラム

■プレキャンプ（1泊2日）

	プログラム	活動場所	宿泊地
第1日	開講式 ①トレッキング体験 ②テント設営・撤収練習 ③個人面接	社会教育施設研修室 社会教育施設周辺の山 社会教育施設研修室 社会教育施設研修室 社会教育施設研修室	社会 教育施設
第2日	④野外炊事の練習 閉講式	社会教育施設キャンプ場 社会教育施設研修室	

■メインキャンプ（12泊13日）

	プログラム	活動場所（歩行距離）	宿泊
第1日	開講式・移動 トレッキング準備	社会教育施設 現地ロッジ	ロッジ泊
第2日	①Aトレイルトレッキング ②野外炊事	Aトレイル A山～B峠（12.5km）	キャンプ場 テント泊
第3日	①Aトレイルトレッキング ②野外炊事	B峠～Cキャンプ場（11.5km）	キャンプ場 テント泊
第4日	②野外炊事 ③星の学習	Cキャンプ場	キャンプ場 テント泊
第5日	①Aトレイルトレッキング ②野外炊事	Cキャンプ場～ D登山口（13.5km）	キャンプ場 テント泊
第6日	①Aトレイルトレッキング ②野外炊事	D登山口～E峠（12.5km）	テント泊
第7日	④ラフティング ②野外炊事	F川	テント泊
第8日	①Aトレイルトレッキング	E峠～F池（10.5km）	テント泊
第9日	①Aトレイルトレッキング	F池～G山山頂：Aトレイルゴール ～G山登山口（11.0km）	キャンプ場 テント泊
第10日	移動 ⑤バナナボート	H湖・Iキャンプ場	キャンプ場 テント泊
第11日	⑥高所縦走登山	J登山口～K山小屋～ L山～K山小屋（12.5km）	山小屋泊
第12日	⑥高所縦走登山	K山小屋～M山山頂～ゴール （16.0km）	テント泊
第13日	⑦クリーンアップ 閉講式・保護者面談	社会教育施設研修室	

①トレッキング体験

6名程度からなるグループを編成し，施設周辺の山でトレッキングを行った。このプログラムは，グループでの歩き方やグループ内での自分の体力を把握することをねらいとした。また，スタッフは，プログラム運営の観点から参加者の体力や対人的な適応について観察するようにし，メインキャンプのグルーピングの資料を得るようにした。

②テント設営・撤収練習

メインキャンプで使用するテントの設営方法，撤収方法を練習した。また，シュラフ，マットの使用法などを練習した。

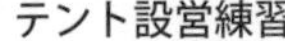
テント設営練習

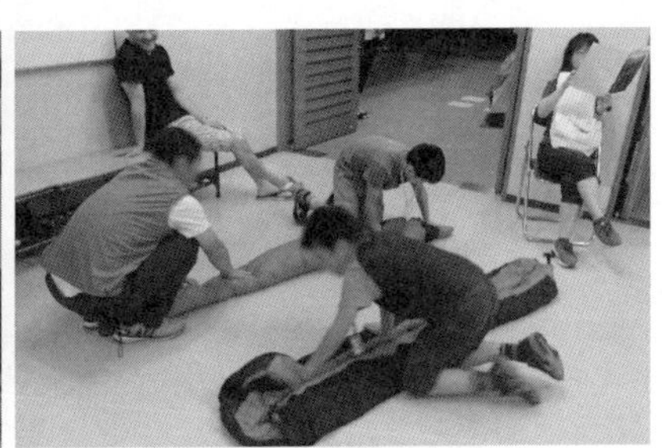

シュラフの片づけ

③個人面接

参加者の中の不登校や発達障碍などの課題を抱えるクライエントについて，30分から40分程度の面接を実施し，キャンプ参加の動機，意欲，現在の課題，不安などについてたずねた。また，心理臨床的なアセスメントとして風景構成法（LMT）と呼ばれる描画法（風景構成法）を実施した。

④野外炊事の練習

薪組，火おこし，火力調整など，野外炊事の方法について練習した。

野外炊事の練習

3）メインキャンプ

メインキャンプは，以下の４つの段階からなり，段階毎にねらいが設定されていた（**表５-２**）。特に，キャンプカウンセラーの関わりを段階ごとに減らし，子どもたちだけで課題を解決できるようにすることが主たるねらいとされていた。また，段階毎にグループ内のメンバーあるいは，キャンプカウンセラーとの関係性が深まるようにカウンセリングすることに注意が払われていた。

表5-2　キャンプセラピーの各段階のねらい

Ⅰ　出会い （第1日から第4日）	・キャンプ全体への見通しをもち，仲間づくりを行うと共に，縦走登山や野外生活に必要なスキルを身につける。 ・グループごとにAトレイル縦走の序盤を励まし合いながら進む。 ・グループメンバーを理解する。
Ⅱ　協力 （第5日から第7日）	・基本的な生活習慣を重視し，共同生活を通して望ましい生活習慣を身につける。 ・グループごとにAトレイル縦走の中盤を協力しながら進む。少しずつキャンプカウンセラーの関わりを減らす。
Ⅲ　自立 （第8日から第10日）	・話し合い活動（振り返り）を重視し，自分や友達のことをより深く知る。 ・Aトレイル縦走の終盤を進み，子ども達だけでロングトレイルを踏破する。 ・キャンプカウンセラーは先導することはせずに，子どもたちの最後尾と距離をとって歩く。
Ⅳ　挑戦 （第11日から第13日）	・2,000mを超えるＭ山の登頂に1泊２日で挑戦する。 ・キャンプを通して学んだことや成長した自分について振り返る。 ・お世話になった人や仲間・家族に感謝の気持ちをもつ。

① A トレイルトレッキング

グループメンバーの体力に合わせるなど協力しながらトレイルを縦走した。段階毎にキャンプカウンセラーの関わりが減少し，最終的には，自分たちでルートを確認して目的地（ゴール）を目指した。

トレイルトレッキング

②野外炊事

薪を組み，火をおこし，協力して野外調理を行った。与えられた食材から自分たちでメニューを考え作るプログラム（第４日）や自分たちでメニューを考えスーパーで買い出しをして作るプログラム（第７日）などが行われた。

キャンプ場での野外炊事

スーパーでの買い出し

③④⑤星の学習，ラフティング，バナナボート

プログラムでは，２日間の縦走後，休養的な活動が組まれていた。滞在する地域周辺で，子どもたちが興味をもって取り組むことができて，かつリフレッシュできる活動が実施された。星の学習（第４日）は，プラネタリウムで夏の星座観察を行った。ラフティング（第７日）は，Ｆ川で行った。また，バナナボート（第10日）はＨ湖で行った。

ラフティング

バナナボート

⑥高所縦走登山

2,000ｍを超えるＭ山の山頂を目指して１泊２日をかけて縦走登山をした。最後の段階のプログラムであるため，体力的，精神的にも難易度が高い挑戦的なプログラムであった。下山では，くさり場や確保を要するような危険な箇所もあった。宿泊は山小屋が利用された。

高所縦走登山

高所縦走登山

⑦クリーンアップ

テント，シュラフ，マットや登山靴などの清掃活動を行った。単にクリーンアップすることが目的ではなく，13日間を通じて大きな目的を達成したため，やや自我肥大（エゴインフレーション）を起こしているクライエントもいるため，清掃活動を通じて日常生活に戻るための「精神的なクールダウン」をすることもねらいにしていた。

クリーンアップ（シュラフの片付け）

4）グループと支援体制

キャンプのグループは，定型発達児童生徒4名から5名に対して発達障碍児が1名から2名となるように，3グループに編成されていた。班編成にあたっては，前述のプレキャンプにおいて観察された体力や対人関係能力に応じ，学年，性別を考慮して編成された。キャンプの指導体制は，1グループにつきキャンプカウンセラー 2名からなるグループで活動した。その他に，プログラムディレクター 1名，マネジメントスタッフ2名，スーパーバイザーとして臨床心理士1名によって構成されていた。

5）キャンプカウンセリングの方針

スタッフは事前にロジャーズ（1966b）のカウンセリングの態度3条件を研修によって理解し，これを基礎として関わることとした。さらに以下のことを留意してカウンセリングを行った。

①安全第一を原則として，安全に関する介入は最優先される。

②少人数のグループに信頼できるキャンプカウンセラーが常にそばにいる環境で，安心感が得られるようにプログラムを展開する。

③プログラムでは安全の範囲内において，個人，グループの自己決定，自己責任を重視する。

④毎夜おこなわれる振り返りでは個人の主張や価値観を尊重する。

⑤なるべく成功体験（達成感）を与えることができるようにする。

また，最も大切にしたことは，子どもたちには野外活動中に即座に停止させるような危険な行動を除いて，行動の規則や厳しい指導などの介入をするのではなく，できるかぎり主体性をもたせて解決できるようにすることであった。例えば，子ども同士の問題行動であっても，すぐには制止し収めることはせずに，子どもの反応や表現を許容しながら対応することにした。これ以外は，原則的にキャンプカウンセリングの方法は任されており，状況に応じて柔軟に関わることが確認されていた。

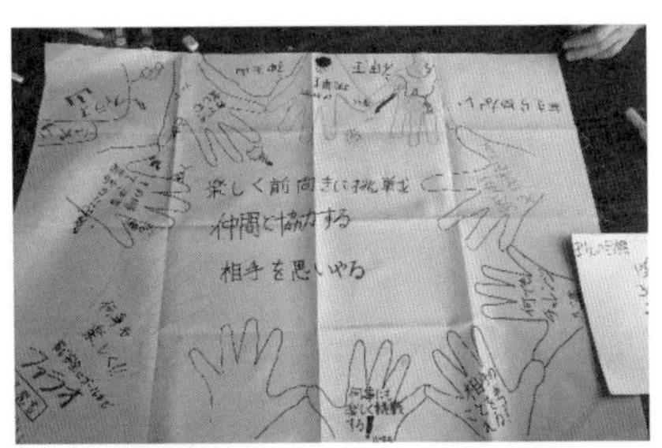

グループの目標を書く（第4日目）

（2）調査方法

1）対象者

対象者は，X年からX＋4年に参加した小学5年生から中学3年生86名であった（**表5-3**）。内訳は，定型発達児66名（男子43名，女子23名，平均年齢12.0±6.73歳）と発達障碍と診断されているか，あるいは発達障碍の傾向を指摘される児童生徒20名（男子16名，女子4名，平均年齢13.43±0.84歳）であった。なお，後述する調査の有効回収率は，自己肯定意識，被受容感は両群100％であり，社会的スキルは，発達障碍群は80％であり，定型発達群は82％であった.

表5-3　調査対象者の内訳

	X年	X+1年	X+2年	X+3年	X+4年	計
発達障碍群	4名	3名	4名	5名	4名	20名
定型発達群	12名	15名	14名	12名	13名	66名

2）調査の内容

①自己肯定意識（自己概念）

自己肯定意識は，平石（1990）が作成した尺度を，加藤（2013）によって小学生にも適用できるように修正された尺度を用いた．加藤は，平石（1990）の尺度は，主に高校生，大学生を対象に作成されたものであるため，小学5，6年生を対象に言葉や内容を平易にして調査し，因子分析によって対自己領域では4因子，対他者領域では，3因子からなる尺度を作成した。加藤による自己肯定意識尺度のα係数は，自己受容因子（.78），充実感因子（.65），意欲因子（.68），自信因子（.72），自己閉鎖性・人間不信因子（.72），自己表明・対人的積極性因子（.82），被評価意識・対人緊張因子（.80）であり，概ね内的整合性が保たれていた。自己肯定意識の項目は，**表5-4**の通りである。

対自己領域では，「自己受容因子」「充実感因子」「意欲因子」「自信因子」の4因子16項目とした。対他者領域では，平石（1990）と同様の構造が確認され，「自己閉鎖性・人間不信因子」「自己表明・対人的積極性因子」「被評価意識・対人緊張因子」の4因子12項目とした。本研究では，以上の2領域7因子28項目を「あてはまらない（1点）」から「あてはまる（5点）」の5件法で評価させた（**表5-4**）。

2）被受容感

被受容感とは，他者の中にあって深い安心感に近い概念であり，人間関係での全般的な適応感を指すものである。鈴木（2005）は，「自分は人から受け入れられている，人とつながれているということに根ざした肯定的な感情」という概念定義をもとに，42項目から精選した1因子7項目で尺度を作成した。しかし，中学生を対象として尺度分析を行い作成されたものであるため，加藤（2013）は小学5，6年生を対象にデータを収集し因子分析から構造を確認した。その結果，同様に1因子解が得られ7項目を抽出した。加藤（2013）における被受容感尺度の1因子の α 係数は，.88を示し高い内的整合性であった。本研究では，加藤（2013）が作成した，以上の項目を含む7項目を「あてはまらない（1点）」から「あてはまる（5点）」の5件法で評価させた（**表5-5**）。

表5-4　自己肯定意識の項目（加藤，2013）

対自己領域

【自己受容因子】（※）は逆転項目

- 自分なりの個性を大切にしている。
- 自分の個性を素直に受け入れいている。
- 自分を見失うことなく自分の道を進んでいる。
- わだかまりがなく，スカッとしている。

【充実感因子】

- すごく楽しいと感じる。
- 気持ちの面では楽な気分である。
- 満足していない。（※）
- 好きなことにうちこめている。

【意欲因子】

- 自分の夢をかなえようと意欲に燃えている。
- 情熱をもって何かに取り組んでいる。
- 自分の良い面を一生懸命伸ばそうとしている。
- やる気が持てない。（※）

【自信因子】

- やれば何かできるというそんな自信がある。
- 自分の良いところも悪いところもありのままに認めることができる。
- 自分には良い面が全然ない。（※）
- 自分には他人に負けないと思える部分がある。

対他者領域

【自己閉鎖性・人間不信因子】

- 自分はひとりぼっちだと感じる。（※）
- 人とのつきあいをめんどうくさいと感じる。（※）
- 友だちと一緒にいてもどこかさびしく悲しい。（※）
- 他人に対して優しくできない。（※）

【自己表明・対人的積極性因子】

- 人前でもありのままの自分を出せる。
- 友だちをすぐにつくれる。
- 自分から友だちに話しかけていく。
- 疑問だと感じたらそれを堂々と言える。

【被評価意識・対人緊張因子】

- 人に対して，自分のイメージを悪くしないかと恐れている。（※）
- 人から何か言われないか，変な目で見られないかと気にしている。（※）
- 自分は他人より負けているか勝っているかを気にしている。（※）
- 人に気をつかいすぎてつかれる。（※）

表5-5　被受容感の項目（加藤，2013）

・私はまわりから受け入れられていると思う。
・私はまわりから大切にされていると思う。
・私は人とつながっていると思えている。
・みんなあたたかいこころでむかえいれてくれていると思う。
・私はまわりからりかいされていると思う。
・私はやさしい人にかこまれて1人ではないと思う。
・私の考えや感じを何人かの人はわかってくれると思う。

3）社会的スキル

戸ヶ崎・坂野（1997）は，Gresham（1986）を参考に，社会的スキルが状況に依存した社会的行動であるとの前提に立ち，家庭における社会的スキルと学校などの仲間との関係が及ぼす社会的スキルは異なるとの立場から尺度を作成した。適切に仲間関係を形成し，維持するために必要とされる行動，および仲間関係に参加する行動のうち，30項目を収集し，学校場面の行動に適した内容に修正し，因子分析から関係参加行動因子７項目，関係維持行動因子８項目，関係向上行動因子７項目の３因子22項目を抽出した評価尺度である。３因子の α 係数は，関係参加行動因子（.73），関係維持行動因子（.79），関係向上行動因子（.71）で内的整合性は保たれていた。

また，関係維持行動因子は，８項目であり，他の２因子よりも１項目多く，項目数を揃えるために８項目について小学５，６年生18名を対象に予備調査を行い，その中で天井効果を示した「友だちにらんぼうな話し方をする」を削除した。最終的に，「関係参加行動因子」「関係維持行動因子」「関係向上行動因子」３因子21項目とした。本研究では，以上の３因子21項目を「ぜんぜんそうでない（１点）」から「いつもそうだ（４点）」の４件法で評価させた（**表5-6**）。

なおキャンプ場面では，その場面における仲間との社会的スキルが必要となるため，戸ヶ崎・坂野の学校における社会的スキル尺度を改変して用いた（例えば，「休み時間」を「自由時間」に改変した）。

表5-6　社会的スキルの項目（戸ヶ崎・坂野1997を改変）

【関係参加行動】（※）は逆転項目

・友達と離れてひとりで遊ぶ。（※）
・遊んでいる友達の中に入ろうとしても，なかなか入れない。（※）
・友達の遊びをじっと見ていることが多い。（※）
・自由時間に友達とあまりおしゃべりをしない。（※）
・友達にあまり話しかけない。（※）
・話しかけようとすると，ドキドキする。（※）
・友達に気軽に話しかける。

【関係向上行動】

・友達が失敗したら励ましてあげる。
・困っている友達を助けてあげる。
・相手の気持ちを考えて話す。
・引き受けたことは最後までやり通す。
・自分に親切にしてくれる友達には，親切にしてあげる。
・友達の意見に反対するときは，きちんとその理由を言う。
・友達の頼みをよく聞いてあげる。

【関係維持行動】

・よく友達の邪魔をする。（※）
・なんでも他の人のせいにする。（※）
・人をおどかしたり，いばったりする。（※）
・友達にけんかをしかける。（※）
・自分のしてほしいことを，むりやり友達にさせる。（※）
・友達の欠点や失敗をよく言う。（※）
・間違いがあっても素直に謝らない。（※）

4）調査の手順

調査は，キャンプ前，キャンプ直後，キャンプ1ヵ月後の3回実施した（図5-1）。キャンプ前については，プレキャンプの初日の開講式の後，質問紙に回答を求めた。また，キャンプ直後は，メインキャンプの閉講式の前に回答を求めた。キャンプ1ヵ月後については，郵送で各家庭へ調査用紙を送付し回答後返信を依頼した。

①キャンプ前
1日目　閉講式後

②キャンプ直後
13日目　閉講式前

③キャンプ1ヵ月後
1ヵ月後　各家庭

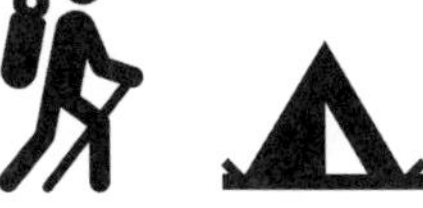

プレキャンプ
7月上旬

メインキャンプ
8月上旬

9月中旬

図5-1　調査の手順

5）データの分析

数量的データは，有意差検定を実施し有意差はすべて５％水準未満とし，有意傾向は10％水準未満とした。多重比較にはHolm法を用いた。また本プログラムのキャンプ前とキャンプ直後，キャンプ前と１ヵ月後の効果量Hedgesのgを山田・井上（2012）のプログラムに基づき算出した。その他のデータの分析には，js-STAR ver8.0.1jとSPSS ver.26.0及びAmos ver.26.0を用いた。自己肯定意識，被受容感と社会的スキルの関係は，共分散構造分析を用いて多母集団同時分析を行った。分析に用いた変数は，自己肯定意識の対自己領域，対他者領域の合計得点，被受容感得点，社会的スキルの合計得点である．モデル構築に際しては，発達障碍群と定型発達群の得点差が大きいため，キャンプ前とキャンプ直後の変化量を求め，あらかじめ変化量から変数間の共変関係を確認した。多母集団同時分析のモデル推定方法は最尤法を用い，モデルの識別性を確保するために誤差変数（e１～e３）から観測変数への各パスを１に固定した。モデルの適合性を検証するために，GFI，AGFI，CFI，RMSEAを用いた。各適合度指標の採択基準として，GFI，AGFIおよびCFIの採択基準は.90以上，RMSEは.05以下（豊田，1998；小塩，2014）の場合にモデルの適合性がよいと判断した。

3　結果――発達障碍群と定型発達群の比較

(1) 自己肯定意識

キャンプセラピーが発達障碍群の自己肯定意識（対自己領域の4因子と対他者領域の3因子）に及ぼす効果と特徴を定型発達群との比較から明らかにするために，キャンプ前，キャンプ直後，1ヵ月後に調査した。自己肯定意識の対自己領域と対他者領域の計7つの下位因子について，群と時期について2要因の分散分析を行った（**表5-7**）。また，①キャンプ前，②キャンプ直後，③キャンプ1ヵ月後の効果量を求めた。その結果，対自己領域では，意欲因子と自信因子において交互作用に有意傾向が認められたため，単純主効果の検定を行った。まず，意欲因子の群の比較では，キャンプ前を除いて，キャンプ直後，1ヵ月後いずれも定型発達群が，発達障碍群よりも高い得点を示した。時期については，発達障碍群は，有意差が認められなかった。定型発達群では，多重比較からキャンプ前よりもキャンプ直後，1ヵ月後がいずれも有意に高い得点を示し，キャンプ直後と1ヵ月後では有意差は認められなかった。

自信因子では，定型発達群は，発達障碍群に比較して，いずれの時期も高い得点を示した。発達障碍群は，時期については，キャンプ前に比較して1ヵ月後が有意に高い得点を示し，キャンプ前とキャンプ直後は有意差が認められなかった。定型発達群はキャンプ前よりもキャンプ直後，1ヵ月後がいずれも有意に高い得点を示し，キャンプ直後と1ヵ月後では有意差は認められなかった。対自己領域の自己受容因子，充実感因子は，いずれも交互作用には有意差がなく，群と時期の主効果が有意であった。群では，定

表5-7　発達障碍群（n=20）と定型発達群（n=66）の自己肯定意識7因子の得点比較

			キャンプ前①		キャンプ直後②		1ヶ月後③		主効果		交互作用	単純主効果		効果量 g	
			M	SD	M	SD	M	SD	群	時期多重比較		群	時期	①-②	①-③
対自己領域	自己受容	発達障碍群 [a]	13.35	2.97	14.05	3.81	14.87	3.54	19.05**	10.76** ①<② ①<③	1.38ns			0.21	0.47
		定型発達群 [b]	15.47	2.55	17.39	2.60	17.31	2.92						0.75	0.67
	充実感	発達障碍群 [a]	14.70	3.82	15.70	3.51	16.30	3.02	10.38**	15.73** ①<② ①<③	1.69ns			0.27	0.47
		定型発達群 [b]	16.03	2.76	18.33	2.31	18.08	2.62						0.90	0.76
	意欲	発達障碍群 [a]	14.30	4.18	14.70	3.54	14.90	4.09	6.21*	7.85**	2.93 †	② a<b ③ a<b		0.10	0.15
		定型発達群 [b]	15.17	3.05	17.22	3.15	17.22	3.39					①<② ①<③	0.66	0.64
	自信	発達障碍群 [a]	13.30	3.18	14.00	4.00	15.22	3.24	20.11 **	15.04**	2.92 †	① a<b ② a<b ③ a<b	①<③	0.19	0.60
		定型発達群 [b]	15.66	2.77	17.79	2.50	17.47	2.78					①<② ①<③	0.80	0.65
対他者領域	自己閉鎖性	発達障碍群 [a]	14.95	3.47	15.35	2.73	15.79	3.16	15.87 **	3.47 ＊ ①<③	0.05 ns			0.15	0.23
		定型発達群 [b]	17.25	2.38	17.82	2.47	18.08	2.77						0.24	0.32
	自己表明	発達障碍群 [a]	11.60	3.58	12.50	3.31	15.44	3.29	17.45 **	38.33 **	5.99 **	① a<b ② a<b ③ a<b	①<③ ②<③	0.26	1.12
		定型発達群 [b]	14.20	3.34	16.72	2.85	17.04	2.84					①<② ①<③	0.81	0.92
	被評価意識	発達障碍群 [a]	12.30	3.27	12.50	3.56	13.20	2.74	7.78 **	5.21 ** ①<③	0.69 ns			0.06	0.30
		定型発達群 [b]	13.73	3.25	14.73	2.99	15.73	2.87						0.32	0.65

† p<.10　*p<.05　**p<.01　効果量 g　小0.2　中0.5　大0.8

型発達群がいずれも高い得点を示し，時期では，キャンプ前よりもキャンプ直後，１ヵ月後がいずれも有意に高い得点を示し，キャンプ直後と１ヵ月後では有意差は認められなかった。対他者領域では，自己表明・対人積極性因子において交互作用が有意であった。単純主効果の検定の結果，定型発達群は，発達障碍群に比較していずれの時期も高い得点を示した。時期の効果については，多重比較より，発達障碍群は，キャンプ前とキャンプ直後に比較して１ヵ月後が有意に高い得点を示し，キャンプ前とキャンプ直後は有意差が認められなかった。定型発達群は，キャンプ前よりもキャンプ直後，１ヵ月後がいずれも有意に高い得点を示し，キャンプ直後と１ヵ月後では有意差は認められなかった。

またその他の自己閉鎖性・人間不信因子と被評価意識・対人緊張因子では，いずれも交互作用の有意差が認められず，群と時期において主効果が認められた。群では両因子ともに定型発達群は，発達障碍群よりも高い得点を示した。時期の効果はいずれもキャンプ前よりも１ヵ月後が有意に高い得点を示した。

発達障碍群の効果量は，キャンプ前からキャンプ直後よりも，キャンプ前から１ヵ月後が大きな値を示し，対自己領域では，意欲因子を除き中程度の効果量（0.47，0.47，0.60）を示した。意欲因子の効果量（0.15）は，小さな効果量の水準である0.2を下回った。対他者領域では，自己表明因子で高い効果量（0.26から1.12）を示し，自己閉鎖性因子，自己評価意識因子では，小さな値（0.23，0.30）であった。

（2）被受容感

キャンプセラピーが発達障碍群の被受容感に及ぼす効果と特徴を定型発達群と比較検討するために，群と時期の２要因混合計画による分散分析を行った（**表５-８**）。その結果，交互作用に有意差は認められず，群と時期に主効果が認められた。群の効果では，いずれも定型発達群は，発達障碍群よりも高い得点を示した。

また時期の効果は多重比較により，キャンプ前よりもキャンプ直後，1ヵ月後が有意に高い得点を示し，キャンプ直後と1ヵ月後には有意差は認められなかった。

発達障碍群の効果量は，キャンプ前からキャンプ直後（0.30）よりも，キャンプ前から1ヵ月後（0.54）が大きな値を示し中程度の効果量を示した。

（3）社会的スキル

キャンプセラピーの発達障碍群の社会的スキルに及ぼす効果と特徴を定型発達群との比較から明らかにするために，社会的スキルの関係参加行動因子，関係維持行動因子，関係向上行動因子の3つについて群と時期の2要因混合計画による分散分析を行った（**表5-9**）。その結果，3因子いずれも交互作用は有意差が認められなかった。関係参加行動因子，関係向上行動因子において群と時期の主効果に有意差が認められた。いずれも群では，定型発達群は，発達障碍群に比較して高い得点を示した。時期の効果では，関係向上行動因子，関係参加行動因子いずれも，キャンプ前よりもキャンプ直後，1ヵ月後が有意に高い得点を示し，キャンプ直後と1ヵ月後では有意差は認められなかった。関係維持行動因子では，群の主効果が認められ，定型発達群は発達障碍群に比較して高い得点を示した．時期の効果は有意傾向が認められたが，多重比較では有意差は認められなかった。

発達障碍群の効果量は，キャンプ前からキャンプ直後（0.66，0.11，0.35）よりも，キャンプ前から1ヵ月後（1.03，0.16，0.72）が大きな値を示した。

表5-8　発達障碍群（n=20）と定型発達群（n=66）の被受容感の比較

	キャンプ前①		キャンプ直後②		1ヶ月後③		主効果		交互作用	効果量 g	
	M	SD	M	SD	M	SD	群	時期多重比較		①-②	①-③
発達障碍群[a]	23.35	7.27	25.70	8.34	27.42	7.68	13.81**	27.72**	1.57	0.30	0.54
定型発達群[b]	27.15	5.07	31.62	4.79	31.84	4.53		①<② ①<③		0.90	0.98

*p<.05　**p<.01　効果量 g　小0.2　中0.5　大0.8

表5-9　発達障碍群（n=16）と定型発達群（n=54）の社会的スキル得点の比較

		キャンプ前①		キャンプ直後②		1ヶ月後③		主効果		交互作用	効果量 g	
		M	SD	M	SD	M	SD	群	時期多重比較		①-②	①-③
関係参加	発達障碍群[a]	17.99	5.26	21.69	5.89	23.10	4.61	10.59**	27.88**	2.01	0.66	1.03
	定型発達群[b]	22.40	3.47	24.98	3.47	25.26	3.47		①<② ①<③		0.74	0.82
関係維持	発達障碍群[a]	22.77	4.65	22.25	4.84	23.45	4.03	11.07**	2.55†	1.09	0.11	0.16
	定型発達群[b]	25.11	2.73	25.63	2.82	25.93	2.64				0.19	0.31
関係向上	発達障碍群[a]	19.94	4.34	21.69	5.49	23.02	4.23	9.70**	12.84**	0.79	0.35	0.72
	定型発達群[b]	23.14	3.71	24.81	3.34	25.08	2.99		①<② ①<③		0.47	0.58

† p<.10　*p<.05　**p＜.01　効果量 g　小0.2　中0.5　大0.8

(4) 自己肯定意識と被受容感および社会的スキルの関連性

キャンプセラピーにおける発達障碍群と定型発達群の自己肯定意識の対自己領域および対他者領域と被受容感，社会的スキルの関連性を検討するにあたり，それぞれのキャンプ前の得点とキャンプ直後の変化量を用いて，多母集団同時分析による変数間における因果関係の推定を行った。モデルの作成にあたり，前述の先行研究をもとに2つの自己概念に影響すると推定した被受容感と社会的スキルからのパスを仮定してモデルの検討を行った。その結果，**図5-2**のモデルを得た。このモデルの適合度は，GFI=.991，AGFI=.913，CFI=1.000，RMSEA=.000であった。モデルの適合度指標は，それぞれ基準値を満たしていることからモデルの適合性は良いと判断された。

次に，変数間の関係性について検討した結果，発達障碍群では，被受容感から社会的スキルと対自己領域に対して有意な正のパスが認められた。また社会的スキルから対他者領域に対して有意な正のパスが確認された。被受容感から対他者領域へのパス（直接効果）は有意ではなく，被受容感から社会的スキルを経て対他者領域に至るパス（間接効果）は有意で完全媒介を示した。社会的スキルから対自己領域のパスも有意差が認められなかった。また，定型発達群では，被受容感から対自己領域に有意な正のパスが確認され，社会的スキルから対自己領域と対他者領域に対して有意な正のパスが認められた。被受容感から社会的スキルと被受容感から対他者領域へのパスについては有意差が認められなかった。

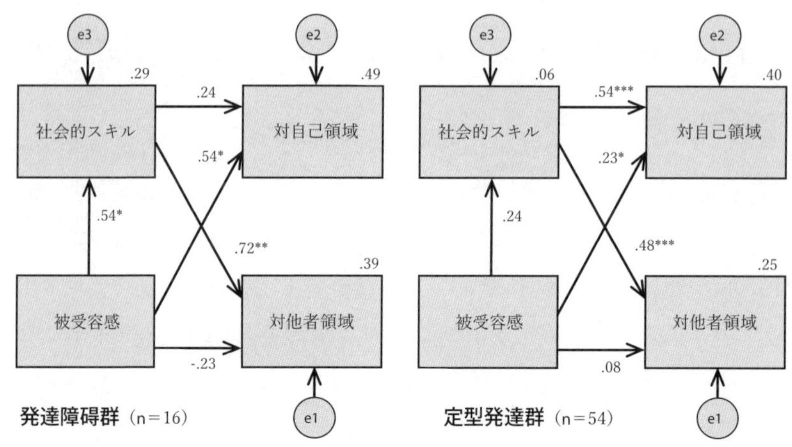

χ 2＝1.21, df=2, n.s.　GFI=.991，AGFI=.913，CFI=1.000，RMSEA=.000
*p<.05，**p<01，***p<.001

図5-2　発達障碍児と定型発達児の自己肯定意識と被受容感及び社会的スキルの関連性

4　考察

自己肯定意識の分析全般から，発達障碍群の得点は定型発達群と比較してほとんどの因子が低くなっていた。筆者の参与観察では，キャンプセラピーを終えた直後では，プログラムの達成感やグループ内の仲間との良い関係性が育まれていたと思われ，キャンプ直後では定型発達群と同等の得点を示すものと期待したが，そのようにはならなかった。発達障碍群は，定型発達群との全体的な能力や何らかの違いに自覚的（赤木，2006；西田，2014；高岡ら，2019）になり自己を他者と比較するからであろうか。Capps et al.(1995)や金井・上村（2007）が報告しているように発達障碍群が定型発達群よりも自己の能力を低く評価していることを支持する結果となった。

このことから，発達障碍児のキャンプカウンセリングにおいては，他者と比較して自己の評価をするのではなく，過去の自分自身に比べて，今の自分がどの程度変化したのかということに焦点化させるようなカウンセリングが必要であると思われる。

一方，発達障碍群は自信因子や自己表明・対人的積極性因子では，キャンプ前よりも１ヵ月後に高い得点を示した（**図 5 - 3**）。

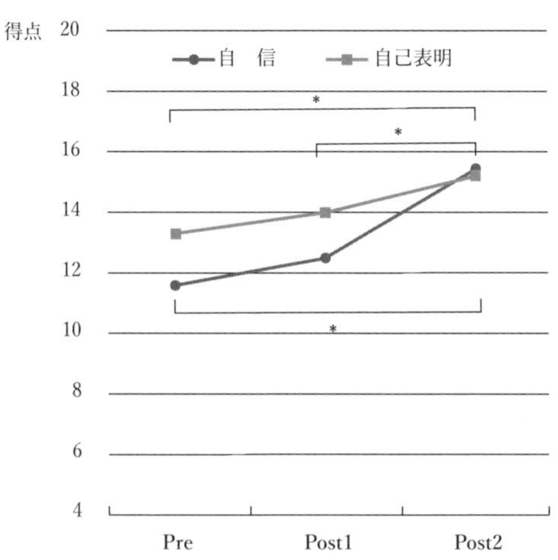

図5-3　発達障碍群の自信と自己表明因子得点の変化

定型発達群では，キャンプ前よりもキャンプ直後に高い得点を示した。両群では効果が認められる時期が異なったが，トレイルトレッキングや高所縦走登山を中心とした日々の冒険プログラムの達成が１ヵ月後まで自信を高めたと思われる。

ところで，自信因子は，興味深いことに第４章の結果と矛盾する結果となった。第４章の結果では，自信因子と自己受容因子は得点の向上を示さなかった。しかし、本章では自信因子と自己受容因子は効果が認められた（自己受容因子は主効果）。その理由として，キャンプセラピーの諸所の違いが考えられる。たとえば，本章のキャンプセラピーは，定型発達群との統合型の形態であり，一緒に活動できたことが自信因子と自己受容因子の得点の向上に影響したことが考えられる。また統合型のキャンプセラピーのプログラムの負荷が適切であったことなどが推察される。さらに，梶田の質問紙では自信の要素と自己受容の要素が1つの因子に含まれていたことが有意差の検出に影響した可能性がある。したがって，このことは，今後，詳細に検証する必要があると思われる。

また，自己表明・対人積極性因子では，「人前でもありのままの自分を出せる」「友だちをすぐにつくれる」などが含まれるが，長期のキャンプ生活におけるグループ活動が進む中で自分を隠さずに主張したり，存在を示したりすることによって，対人的な積極性が生じたものと思われる。

発達障碍群は，意欲因子においてはキャンプの効果が見られなかった。意欲因子の質問項目には，「自分の夢をかなえようと意欲に燃えている」「情熱をもって何かに取り組んでいる」などの「将来の夢」や「情熱を持っている何か」など誇大的で，抽象的な項目を含んでいる。発達障碍児は，一般的な特徴として，現実的で，未来のことについてイマジネーションすること（本田，2017）や具体的なビジョンを描いたりするのが苦手であり（星野，2011），抽象的な項目への回答が難しかったことが推察される。

しかし，対自己領域の自己受容因子，充実感因子，また，対他者領域の自己閉鎖性因子，被評価意識因子では効果が認められ，特に時期の効果は両群にキャンプセラピーの効果が認められた。対自己領域ではキャンプ前に比較してキャンプ直後，1ヵ月後に得点が高く，対他者領域では，キャンプ前よりも1ヵ月後に高い得点を示した。以上から，キャンプセラピーは，おおよそ両群の自己肯定意識を向上させると言うことができるであろう。

また，発達障碍群の効果量は，各因子の得点と同様に，キャンプ直後ではなくキャンプ1ヵ月後において高くなった。発達障碍群は，キャンプが終わり，時間をおいて日常生活を送る中で，キャンプ中の体験が整理されて，肯定的に意味づけされることによって，自己に対する評価を向上させたと言える。小島（2012）は，発達障碍児の自己意識の形成には，両親などの重要な他者の評価が影響することを指摘している。キャンプセラピーを体験した後の，「両親などの重要な他者による肯定的な評価」は，発達障碍児の自己概念の肯定的変化の重要な要因ではないであろうか。対他者領域の自己肯定意識も，両群とも１ヵ月後において効果量が向上していたが，キャンプを共にした他者への自己概念についても，時を経て，振返った時に肯定的に印象形成されるのではなかろうか。

次に，被受容感であるが，これについても自己概念同様，発達障碍群は定型発達群よりも低い得点を示した。時期の効果ではキャンプ前よりもキャンプ直後が有意に得点が高く１ヵ月後まで維持されていた。

効果量では，発達障碍群はキャンプ前からキャンプ直後で小さな効果を示し，１ヵ月後において中程度の効果まで向上し，定型発達群はいずれも高い効果量を示した。両群の効果量には違いがあるものの，それぞれにキャンプ前から１ヵ月後で４点以上の得点の向上を示し，比較的大きな変化が認められた。このことから，両群いずれもキャンプの中で安心感や人から受け入れられているという肯定的な感情を得ていたと言えよう。これはキャンプカウンセラーが，受容的，共感的なグループを作ることを心掛け，発達障碍児を含めすべての参加者が被受容感を感じられるように接してきたことによるものであろう。このことが，グループ内に受容的な雰囲気が生じ，仲間同士の被受容感も育まれたと思われる。キャンプ中に得た被受容感は，キャンプ後，時を経て高くなることから，参加者それぞれの心に肯定的に内在化されていくことが推察された。

社会的スキルでは，関係参加行動因子，関係向上行動因子において効果が認められ，キャンプ前よりもキャンプ直後に得点が高く１ヵ月後まで維持されていた。関係参加行動因子は，仲間との関係を築くといった機能を持っており，関係向上行動因子は，築いた関係をより深める機能があり，この２つの行動がグループ内の社会的地位を高める機能を有すると言われている（戸ヶ崎・坂野，1997）。両群のキャンパーは，キャンプセラピーにおいて，自分自身の社会的地位や存在感を高めることができたと評価していたと思われる。

発達障碍群は効果量からみても関係参加行動因子と関係向上行動因子は大きな向上を示した。本研究のキャンプセラピーでは，２週間にわたってグループでトレイルを歩き，24時間を他者と共に生活しなければならなかった。このような濃密な社会的環境では，発達障碍児（発達障碍児でないこともあるが）の問題行動をめぐって口論や諍いが起こることが少なくなく，山中で歩みを前へ進めるためには，グループで問題を解決する，あるいは折り合いをつけることが求められた。グループ内において毎日行われる振り返りや話し合いに参加することは，自分の意見を表明することや，相手の気持ちを考えて話す，あるいは，仲間に同調することが必要になり，関係参加行動や関係向上行動をおのずと高めたのであろう。一方で，関係維持行動因子の得点は，他の２つの因子の得点に比べ高かった。関係維持行動因子に関わるスキルは，発達障碍群および定型発達群いずれも従前より身につけているスキルであったことが窺える。全般的に，社会的スキルは向上したが，本章のキャンプセラピーのプログラムは，100kmにおよぶトレイルを踏破するという大きな目標を達成することであり，このような目標をグループが合意形成し，共有することが子どもたちの凝集性を高め，社会的スキルを高める契機になっていたと考えられる。

最後に，本研究では，先行研究の知見より発達障碍児への情緒的な被受容感の形成が社会的スキルに影響し，その結果，発達障碍児の自己概念の向上に至ると予測してモデルを仮定し検討を行った。その結果，発達障碍群では，社会的スキルが被受容感から自己肯定意識の対他者領域へ高い値で媒介していることが示された。被受容感から対他者領域は直接的な影響が示されなかったことから，発達障碍群の対他者領域に関する自己概念の向上に「被受容感を感じられることを通じて社会的スキルの獲得が欠かせない」ことが明らかとなった。

対他者領域は，周囲の仲間との信頼感やつながりを表す意識であるが，発達障碍群は，グループ内の仲間との関係参加行動因子や関係向上行動因子の社会的スキルを得ることによって，対他者領域への自己意識を高めるのであろう。発達障碍群は，積極的に活動に参加し，仲間との相互作用を通じて，その関係が向上し社会的スキルが高まったという認識を持ちうる体験が必要であることが示唆される。すなわち，活動において発達障碍児と定型発達児との協働する場面を設け，発達障碍児には得意な役割を与えるなどし，相互に認め合えるように導くようなグループカウンセリングが欠かせないと思われる。

他方，発達障碍群の対自己領域の意識は，社会的スキルを媒介しないで，被受容感からの直接の影響が大きい。したがって，自己受容や自信を高めるためには，グループにあって受容され理解されているような「被受容感を感じられることが必須」であると言える。

定型発達群では，被受容感は，対自己領域にのみ影響が認められたが，社会的スキルから対自己領域への影響よりも小さい値を示した。定型発達群の被受容感の影響は，発達障碍群に比較して小さいものであることが明らかとなった。むしろ定型発達群では，「社会的スキルの評価が対自己領域，対他者領域の自己意識に影響する」と言えよう。

5　実践への展開

本章では，発達障碍群と定型発達群を統合したキャンプセラピーを実施し，発達障碍群の自己肯定意識に及ぼす影響と被受容感及び社会的スキルの関連性について定型発達群との比較から検討を行った。

発達障碍群は，定型発達群に比較して自己の評価が低かった。これは定型発達児と比較することが自己肯定意識の評価にネガティブに影響するからであろう。したがって，キャンプカウンセリングにおいては，発達障碍児が過去の自分と比較するなど自分自身の進歩や成長を適切に認識することができるようにアプローチすることが必要であろう。良い行動や肯定的な発言があるときには，ポジティブなフィードバックを積極的に与えることが大切である。

発達障碍児は，自己を表現することは苦手であるが，キャンプセラピーでは，キャンプ生活におけるグループ活動が進む中で自分を隠すことなく主張したり，存在を示したりすることによって，対人的な積極性が生じる。したがって，キャンプカウンセラーがすぐに介入して問題を収めるのではなく，グループで問題を解決する，あるいは折り合いをつけることができるように時間的な余裕をもつことが重要である。発達障碍児は，このような自然な形で社会的なスキルを身につけ，対人的な積極性などを得るものと考えられる。

また，発達障碍児は，おおよそキャンプセラピー後，時間をおいて自己肯定意識が向上していた。キャンプを終えた後には，参加者が自分の体験を肯定的に意味づけすることが知られている。特に発達障碍児には，キャンプセラピーを終えた後の，保護者などの周囲の人々の肯定的な評価や支援がさらに自己概念を向上することに貢献すると考えられる。継続的なサポートが必要であると言える。

最後に，自己肯定意識に及ぼす影響を被受容感及び社会的スキルとの関連性から検討した。発達障碍児は，他者の中にあって安心感や安全感など受容感を得られることが自己肯定意識を高めることになる。つまり，発達障碍児にとって受容的で安心感のある環境を整えることが重要であろう。このことが発達障碍児が自分自身をも受け入れられる体験（自己概念が向上する体験）を積ませることになると思われる。

たとえば，キャンプカウンセラーは，振り返りのときには，発達障碍児の発言を他者につなげる役割を意識し相互作用が円滑になるように支援し，彼らが肯定感をもてるようにすることが肝要であろう。

また活動において発達障碍児と定型発達児との協働する場面を設け，発達障碍児には得意な役割を与えるなどし，相互に認め合えるように導くようなキャンプカウンセリングが欠かせないと思われる。キャンプカウンセラーは，発達障碍児に積極的にフィードバックや称賛を与えるべきであろう。このようなキャンプカウンセラーの態度は，定型発達児が発達障碍児について理解を深め，多様性を尊重する姿勢を身につけることができるのでないかと思われる。

第 6 章

自我機能に及ぼす効果

1　はじめに

第4章，第5章では，キャンプセラピーにおける発達障碍児の自己概念（客体的自己）について，梶田（1980）の自己成長性検査と加藤（2013）の自己肯定意識尺度を用いてその効果と特徴について検討した。しかしながら，単に発達障碍児の自己評価による客体としての自己について調べるだけでなく，セラピーを志向するキャンプでは，発達障碍児の主体的自己（自我機能）の側面からも見立てることで，クライエントの特徴を心理臨床的に把握することも重要である。したがって，キャンプセラピーが発達障碍児の自我機能に及ぼす効果について検討することも必要である。自我機能は，人間が自己を理解し，自分自身をコントロールし，外界と適応するための重要な機能である。

そこで，本章では，心理臨床領域で用いられる投映法のうち中井（1970）によって創案された風景構成法（LMT）と呼ばれる描画法によって，発達障碍児の主体的自己（自我機能）を評価する。LMTは，近年では，様々な臨床場面で児童生徒などを含む多くのクライエントに活用されており，発達障碍児など言語化が苦手な者においても有用であることが認められている（高石，1996；渡部，2005）。

また，自由度が高く，クライエントの無意識も含めた内的世界が表現されやすいため，全体的なパーソナリティ傾向の把握も可能になる。したがって，セラピーを指向するキャンプにおいて発達障碍児を理解する上で有益である。

LMTは，皆藤（1988）によれば，その構成的な特徴から描画者の処理能力，すなわち自我の意識的関与がかなり必要とされると述べ，風景に要素（アイテム）を構成する際には描画者の自我の影響が大きいことを指摘している。また，宮脇（1985）は，風景全体の構成パターンに発達上の変化が顕著に現れることから，風景の構成型に着目することによって，自我機能が捉えられることを明らかにしている。一方で本研究の対象である発達障碍児においては，それぞれが固有の問題を抱えており，当然ながらキャンプセラピーに参加する経緯やキャンプ体験のあり方が大きく異なっている。したがって，風景構成法（LMT）あるいはLMTを手がかりに発達障碍児の変化を理解する際には，キャンプ体験の様子との関連からその意味を解釈する視点も必要であろう。すなわち，描画者の描いた内容的側面も含めてLMTを理解する視点も欠かせないと思われる。この点については，第7章において取り上げたい。まずは，本章では，LMTの構成型からキャンプセラピーが自我機能に及ぼす影響に焦点をあてて検討することにする。

2　研究方法

(1) キャンプの概要

キャンプの概要は，第5章で紹介したキャンプセラピーと同じである。キャンプセラピーは，心理社会的課題を抱える生徒（不登校，ひきこもり，非行・問題行動，発達障碍）を対象に，長期にわたる生活体験・冒険体験を通して自信や社会性を育み，日常での生活の変容につなげることをねらいとしている。ここではキャンプの概要については省略した。詳細は第５章を参照していただきたい。

（2）調査方法

1）対象者

対象者は，キャンプに申し込んだクライエントのうち，発達障碍と診断されているか，もしくは発達障碍の傾向を指摘される生徒23名（男子21名，女子２名，平均年齢13.43±0.84）である。

2）調査の内容――風景構成法（LMT）

中井（1970）によって考案された描画法であるLMTによってクライエントの描画を収集した。LMTは，本邦初の描画テストであり，バウムテストなどの他の描画法と並び普及しており，病院，教育，相談，福祉，司法の領域で用いられている（皆藤，1994）。

①LMTの特徴

描画法は投映法の１つとされるが，風景構成法は，その中にあって構成的な技法であることが特徴とされている（中井，1984）。すなわち，構成的な過程では，全体のゲシュタルトを崩さないように，１つ１つのアイテムを選択して，距離や方向によって相互に関連づけるため，「結果がひとつのまとまった形」へと組み立てられる。これは投影的過程とは異なり，構成的過程では，構成されたものと構成する描き手との間に距離があり，意識的関与が優勢であることが特色として指摘できる。

そしてLMTの彩色段階（色付け）では投影的な過程が優勢になると言われ，この2つが相互に表れる（中井，1996)。近藤（2016）は，LMTについて，「描き手は，全体のゲシュタルトの文脈を考えながら構成する意識的なプロセスに従事しながらも肯定的なイメージや不安を引き起こすような否定的なイメージを描画空間の中におさめることの苦しさが生じておりこのようなことを考慮しながら描画を解釈する視点が必要である。」と述べている。いずれにしても，LMTは，描き手の内的体験を推し量る有益な方法である。

② LMT の施行方法

LMTは，「枠づけ法」と呼ばれる方法で実施した。まず，筆者がクライエントの前で，A 4 画用紙の縁にサインペンで枠をつけた。そして次に，1つの風景になるように描いてほしいことを伝え，筆者が10 個のアイテム（川，山，田，道，家，木，人，花，動物，石）を順番に口頭で指示した。また，その後に描き足したいものなどがあれば，自由に描いてよいことを伝えた。クライエントはそれらのアイテムを，枠が描かれた画用紙に1つずつ描いた。最後に，描かれた風景にクレヨンで彩色することを求めた。また，描きたくない（描けない）場合は，無理に描かなくても良いことも伝えていた。

③ LMT の分析方法

皆藤（1988）は，LMTにおいては，その構成的な特徴から描画者の処理能力，すなわち自我の意識的関与がかなり必要とされると述べ，風景に要素（アイテム）を構成する際には描画者の自我の影響が大きいことを指摘している。また，宮脇（1985）は，風景全体の構成パターンに発達上の変化が顕著に現れることから，風景の「構成型」（高石，1996）に着目することによって，自我発達が捉えられることを明らかにしている。高石（1996）は，構成型の分類基準（**表6-1**）を作成しており，本研究もこれにしたがって分析する。

表6-1　LMTの構成型の分類基準（高石，1996）

構成型	分類基準
Ⅰ　羅列型	全要素ばらばらで全く構成を欠く。
Ⅱ　部分的統合型	大景要素同士はばらばらだが大景要素と他の要素（中景，小景）が，一部結び付けられている。基底線の導入が認められることもある。
Ⅲ　平面的部分的統合型	大景要素同士の構成が行われている。しかし，部分的な統合にとどまり，「空飛ぶ川，道」などの表現がみられる。彩色されていない空間が多い。遠近・立体的表現ではない。
Ⅳ　平面的統合型	視点は不特定多数だが，概ね正面の一方向に定まる。全ての要素が一応のまとまりをもって統合されている。遠近・立体的な表現はない。奥行きは上下関係として表されている。
Ⅴ　立体的部分的統合型	部分的に遠近法を取り入れた立体的表現が見られる。しかし，立体と平面の表現が混在しており，全体としてはまとまりを欠く分裂した構成である。「空からの川」など画用紙を上下に貫くこともある。鳥瞰図や展開図的な表現が見られることもある。
Ⅵ　立体的統合型	視点・視向とも，斜め，上方の一点に定まる。全体が遠近・立体感のあるまとまった構成になっている。「平面的な田」「傾いた家」など一部に統合しきれない要素を残している。
Ⅶ　完全統合型	一つの視点から全体が遠近感をもって立体的に統合されている。

3）調査の手順

LMTは，キャンプ前，キャンプ直後，1ヵ月後の3回実施した。キャンプ前については，オリエンテーションの個人面接時に実施した。また，キャンプ直後は，メインキャンプの最終日の前日に実施した。1ヵ月後については，フォローアップキャンプの空き時間を利用し実施した。いずれも1人ずつ実施し，所用時間はおよそ30分から45分程度であった。LMTは，3回目を欠席したクライエントについては収集できなかった。

4）データの分析

自我機能の検討は，高石（1996）の構成型の変化に着目した。本研究では，まず，構成型による自我機能の発達段階について検討した。また，肯定的な変化が認められた2事例を取り上げLMTの変化について描画内容を分析解釈した。構成型の検討は，筆者と，臨床心理学に通じLMTの経験がある者の2名で実施した。また，事例の理解については，岸本・山（2013）を参考になるべく多視点的なパースペクティブから理解する方法に加え，皆藤（1994）の論じる心理臨床的な内容分析の方法を考慮しながら理解をするように努めた。いずれもケースカンファレンスで検討し，スーパーバイズを受け了解可能性を高めた。

また，構成型の変化について直接確率計算（Fisher's exact test）を用いて有意差検定を実施した。データの分析には，js-STAR ver 8.0.1jを用いた。

3　結果と考察

(1) 発達障碍児のLMTの構成型の特徴

キャンプセラピーに参加した発達障碍児の自我機能の特徴と自我機能に及ぼす影響を検討するために，キャンプ前，キャンプ直後，1ヵ月後におけるLMTについて，高石（1996）による構成型の分類基準に従って検討した（**表6-1**）。高石（1996）は，構成の度合いは，子どもの自我が次第に発達し成熟してゆくプロセスと関連しているとし，分類の基準として①大景群の統合度，②大小関係の現実適合度，③視点の定位度，④遠近感の有無，⑤立体的表現の有無の5つを基準として構成型を分類した。これは自我が自己中心性から脱却して，自我を対象的に把握し，客観的抽象的な思考が可能になってゆく過程を段階として示したものである。

その結果，キャンプ前の構成型は，最も構成型が低いⅠ型（羅列型）が3例（13.0%），Ⅱ型（部分的統合型）が6例（26.0%），Ⅲ型（平面的部分的統合型）が5例（22.0%），Ⅳ型（平面的統合型）が7例（30.0%），Ⅴ型（立体的部分的統合型）が2例（9.0%）となり，Ⅵ型（立体的統合型），Ⅶ型（完全統合型）を示す事例は認められなかった（**表6-2**）。

表6-2　キャンプ前の風景構成法の構成型の分類（n=23）

	Ⅰ型	Ⅱ型	Ⅲ型	Ⅳ型	Ⅴ型	Ⅵ型	Ⅶ型
ASD群(n=12)	2	6	1	2	1	0	0
ADHD群(n=11)	1	0	4	5	1	0	0
(%)	3(13.0%)	6(26.0%)	5(22.0%)	7(30.0%)	2(9.0%)	0%	0%

（2）キャンプセラピーがLMTの構成型に及ぼす効果

キャンプ前後のASD児及びADHD児における構成型の変化の有無について，直接確率計算（Fisher's exact test）を用いて有意差検定を行ったが，有意な差は認められなかった。

LMTでは，中学生以降に見られる構成型は，最も多いのはⅤ型（自我の対象把握可能な段階[30]）で25%から50%を占め，次いでⅥ型で30%強，Ⅵ型が20%程度，Ⅶ型は10%弱である。ⅠからⅢ型（自己中心的段階）はまれか，あっても非常に少ないと言われている（高石，1996）。本研究では，キャン

（30）自我の対象把握可能な段階とは，高石（1996）によれば，視点を内的世界でも自由に空間・時間移動させ自分の決めたところに固定して，さまざまな角度から自己を見つめ返せるようになることであると説明されている。

プ前の構成型は，Ⅰから Ⅲ型に占める割合が，61.0％と多く，きわめて低い構成段階を示し，定型発達における構成型の分布とはかなり様相が異なっていた。自我機能の観点から言えば，自分の見たまま，思ったままを描く自己中心的な発達段階の自我にとどまっている者が多いと言える（**表6-3**）。

表6-3　LMTの構成型の変化（n=23）

case	発達障碍タイプ	構成型		
		キャンプ前	キャンプ直後	1ヶ月後
Case1	ASD	Ⅱ	Ⅲ	
Case2	ASD	Ⅲ	Ⅲ	Ⅲ
Case3	ASD	Ⅱ	Ⅲ	Ⅲ
Case4	ASD	Ⅱ	Ⅱ	
Case5	ASD	Ⅴ	Ⅴ	Ⅴ
Case6	ASD	Ⅱ	Ⅲ	Ⅲ
Case7	ASD	Ⅳ	Ⅳ	Ⅴ
Case8	ASD	Ⅱ	Ⅲ	Ⅲ
Case9	ASD	Ⅰ	Ⅱ	Ⅱ
Case10	ASD	Ⅳ	Ⅳ	
Case11	ASD	Ⅰ	Ⅰ	
Case12	ASD	Ⅱ	Ⅲ	Ⅲ
Case13	ADHD	Ⅲ	Ⅳ	
Case14	ADHD	Ⅳ	Ⅳ	Ⅳ
Case15	ADHD	Ⅳ	Ⅳ	Ⅳ
Case16	ADHD	Ⅳ	Ⅳ	Ⅳ
Case17	ADHD	Ⅲ	Ⅲ	
Case18	ADHD	Ⅳ	Ⅳ	
Case19	ADHD	Ⅲ	Ⅲ	Ⅲ
Case20	ADHD	Ⅲ	Ⅳ	Ⅳ
Case21	ADHD	Ⅰ	Ⅴ	Ⅴ
Case22	ADHD	Ⅴ	Ⅴ	Ⅴ
Case23	ADHD	Ⅳ	Ⅳ	

キャンプ前からキャンプ直後の構成型の変化は，８例において上位の構成型への変化が認められ，Ⅰ型からⅡ型への変化が１例，Ⅱ型からⅢ型が５例，Ⅲ型からⅣ型が２例あった。質的に異なる（遠近法の導入や立体的表現の取り入れが可能となる）Ⅴ型以上への変化は，１例（case21）認められたが，もともとⅤ型で構成できる能力を有するクライエント(31)であると思われた。なお，キャンプ直後から６ヵ月後では，Ⅳ型からⅤ型が１例認められた。

また，全般的には構成型からみると，ASD群は，平均するとⅡ型からⅢ型の自我機能レヴェルに対し，ADHD群ではⅢ型からⅣ型の自我機能レヴェルにあり，やや高い傾向を示した。すなわち，風景を描く際の統合度と現実適合度が高いと言えよう。統計的な有意差はないとはいえ，キャンプ前後の自我機能への効果から言えば，ASD群への影響が大きいように思われる。皆藤（1994）は，LMTの再検査信頼性を確認しておりその安定性を指摘している。このような点を考慮すれば，上位の構成型への変化が８例認められたことは，キャンプ体験は一部の発達障碍児の自我機能に肯定的な影響を与えると評価できるのではないだろうか。構成型の向上は，ADHD群も含め発達障碍児においては，キャンプセラピーにおける集団生活や体験活動を通して，さまざまな物事を関連づけてみる視点の変化や，事柄を自分に結び付けてゆく統合する力が育まれたことが推察される。以下では，これらのことを実際のLMTの事例から検討したい。

（３）LMTの描画内容の変化（事例）

発達障碍児のLMTの構成型とその変化は，**表６-３**に示される通り，変化しない事例もある上，構成型が低く，描画の内容も同年代の定型発達のレ

（31） Case21は，キャンプ後はⅤ型に分類される描画を描き，もともとⅤ型の自我機能レヴェルを有すると思われた。そのため直接確率計算からは除外した。

ヴェルからみれば低いものであった。しかし，構成型が低い描画であっても，描画内容が変化してゆく特徴的な事例も認められた。以下の２事例は，構成型が低く（case 3，case12，Ⅱ型→Ⅲ型→Ⅲ型），定型発達レヴェルからみればかなり低い。しかしプログラム後の描画は，LMTの内容が大きく変化していた。

事例１（図６-１）では，キャンプ前のLMTでは，大景群である川は，途中で途切れ，山も崩れている。部分的には世界が関連付けされているが，彩色もわずかであり，貧困な心象風景が伝わってくる。しかし，キャンプ直後は，川や山の輪郭が明瞭になり，彩色も強く，濃くなり，感情の豊かさが変化した様子が伝わる。さらに，１ヵ月後においては，川，山，道などの大景群が関連付けられ，途切れていた川には流れも生まれている。また，川には橋もかかっている。田んぼの中には作業している人が描かれるなど人の営みを感じさせるような描画の変化を示している。

事例２（図６-２）のキャンプ前のLMTでは，大景群である川と道の間に家，木，人など生活世界が描かれた。川と道の大景群の間に描かれていることが，やや閉じられた風景（ある意味守られた，あるいは守っている）である印象を受ける。キャンプ直後では，川で大きく紙面を分割し，田を左右に描き，家，木，人を始めとした小景群や中景群が左右に広がりを示し視座の広がりが認められる。川には，橋がかけられて分割された世界のつながりも感じさせる風景となり，川向こうの田との関連付けをうかがわせるものである。また人が２人描かれた。さらに，１ヵ月後には，橋は無くなったものの，川を挟んで分割され，２人がそれぞれ生活する様子が描かれた。またここにみられるシンメトリー（対称性）は，キャンプセラピーを通じて，クライエント間の対等で公平な関係性ができたことを連想させる。キャンプ前に描かれたLMTに比較すると社会的な世界形成が進んだ様子が推察される。

以上の通り，LMTの３回の描画においてアイテムが関連をもって風景と

図6‐1
事例1　Case 3　ASD
主訴：場面緘黙

図6‐2
事例2　Case 12　ASD
主訴：友達ができない

キャンプ直後

1ヶ月後

して統合され進展していく変化が示されている。キャンプによってクライエントの内的世界が変化した様子が理解される。事例の2名は，キャンプ当初は，嫌々ながらもカウンセラーのサポートを得ながら，少しずつ仲間と会話をし（言葉は少ないが），相互のやり取りを継続することで，対人的な関係性を形成していった。いずれの事例もASDにおける自閉的な側面が問題（症状）形成に影響していたが，LMTには，複数の人が描かれ，人が作業する様子など社会性の進展を示すような描画が認められた。

4　総合的考察

本章では，キャンプセラピーにおける，発達障碍児の主体的自己（自我機能）の側面についてLMTの構成型に着目し，その特徴と変化について検討した。

青年期前期は，自分を客観視して自分を評価する自己概念が再組織化される時期である。この自己概念という時の「自己」は，自我によって意識された客体としての自分の側面に限定されている（高石，2020）。客体的自己は，自己評価を行う主体としての自我の状態に少なからず影響を受けている。したがって，主体的自己を評価することが可能なLMTなどの描画法（投映法）を用いてキャンプセラピーにおける発達障碍児の主体的自己を事前に見立てることは必要であろう。実際，本研究のキャンプセラピーに参加した発達障碍児においては，自我機能レヴェルが自己中心的な段階の者が61.0%であった。したがって，このような自我機能レヴェルの発達障碍児の場合，プログラムを行う際には，他者の視点から自分や物事をとらえることが難しく，対人関係上の問題を起こしやすい。相手の話を聞けなかったり，衝動的に不規則発言をしたり，自分の思うままに行動してしまう可能性があることを理解しておくことは，支援を行う上で重要であろう。発達障碍児のこのような行動によって，キャンプカウンセラーが不用意に否定的な感情を引き出されることを防ぐ上でも役立つであろう。

一方，キャンプセラピーに参加した発達障碍児のうち，自我の機能レヴェルは低いものの，キャンプセラピーによって肯定的な変化を示す事例が少なからずあることが明らかになった。V型以上の質的な変化（事物の重なり合いや奥行きができること）を伴うものではないにしろ，構成型はⅡ型からⅢ型へと構成度の段階が進み，個々の要素（アイテム）が統合されたことは，発達障碍児にとって意味があると考えられる。参加者全員ではないにせよ一部の発達障碍児の自我機能に変化が見られたことは，キャンプセラピーが自己形成に役立つと言えるのではないだろうか。

またさらに，前述の2事例から，構成型が大きく変化しないまでも，キャンプセラピーを経ることによって，その描かれる内容が変化してゆくことが示されたように思われる。特に，いずれも，自己の内的世界が豊かになり，また拡がりが認められるようになったことが示されていた。自我機能が低い者であっても，統合度が進展し，描画の豊かさや拡がりが認められた。このような事例の変化は，実際のキャンプ場面で観察された良好な対人的な行動と重なる点もあり，キャンプセラピーの一定の効果を示すものと理解される。

5　実践への展開

本章では，キャンプセラピーが発達障碍児の自我機能（主体的自己）に及ぼす効果とその特徴を明らかにするために，LMTの構成型の変化について検討した。

キャンプセラピーに参加した発達障碍児をLMTの構成型からみた自我機能レヴェルは，同年代の定型発達児の自我機能レヴェルと比較すると低い機能レヴェルであった。ⅠからⅢ型（自己中心的段階）が14例（61.0％），Ⅳ型（自我の脱中心化が進む段階）が7例（30.0％），Ⅴ型（自我の対象把握が可能な段階）が2例（9.0％）であった。つまり，ⅠからⅢ型の発達障碍児の中には，自分自身を客観的に見つめることが難しく，自分の感情や行動についての理解が不十分な者，あるいは自己コントロールが難しく社会的相互作用が苦手な者がいることが把握された。このように，LMTなどの描画法を用いて自我機能レヴェルを見立てることは，簡便であり，実践現場で発達障碍児の支援に役立つと言える。

キャンプセラピー後には，8例が上位型への変化が認められた。その内訳は，ASD群が6例とADHD群では2例であった。キャンプセラピーの野外活動や生活体験の中で協力することやコミュニケーションを通じて，自己コントロールや自己理解が高まったと言えるのではないだろうか。キャンプセラピーによって自我機能に及ぼす効果が期待できる発達障碍児もいると言えよう。描画法では，個人の創造性や表現力を引き出し，感情や思考を理解することができる。このことによって自我の機能をうかがうことが可能となる。描画の解釈には，ある程度の経験が必要になるが，初学者においても，描画のなんらかの変化は見て取れるものと思われる。今後，キャンプセラピーや教育キャンプにおいて積極的に活用することを検討するべきであろう。

第Ⅲ部

質的研究

キャンプセラピーの事例研究

第Ⅲ部への序

第Ⅰ部では，キャンプセラピーの特徴を紹介し（第1章），キャンプセラピーが発達障碍児の自己を育むうえでどのような役割を果たし（第2章），どのような効果があるのかについて，先行研究から概説した（第3章）。そして第Ⅱ部（第4～6章）では，実際のキャンプセラピーのプログラムを紹介し，数量的な研究からその効果について検証した。

この第Ⅲ部（第7～9章）では，キャンプに参加した発達障碍児の事例を提示し，事例を通じてキャンプセラピーとはいかなるものか，さらに理解を深められるようにする。また，クライエント自身やクライエントと他の参加者（キャンパー）との間で起こったエピソードなどから，その体験の意味について自己形成の観点から考えてみたい。事例研究の考え方は，第1章2－(3)で述べた立場の通りである。以下では，キャンプセラピーに参加したクライエントの事例を取り上げるが，「被対象者である一例」として理解するのではなく，1つの世界，全体性を有する一者（岸本, 2020）として捉え，1人1人が理論（知見）であるという理解のあり方で例証することを試みたい。

事例の対象者は，第4章あるいは第5章のキャンプセラピーに参加した小学5年生から高校2年の中から抽出した3事例である。いずれもキャンプセラピーを通じて，顕著な自己成長を果たしたと考えられる事例である。年齢や性別などの詳細については，事例ごとに後述する。本事例のデータは，筆者がメインキャンプに帯同しながら観察によって得た。直接観察できなかったエピソードについては，毎夜行われるスタッフミーティングなどで，担当のキャンプカウンセラーから情報を収集した。また，事前事後あるいは1ヵ月後にLMTを施行した。

第７章

事例Ａ
場面緘黙のため人前で発言できないASD児

1　はじめに

発達障碍児の示す症状の１つには，コミュニケーションや相互交流の困難があり，どのように他者とのコミュニケーションを図るかということが課題になることがある。本事例のクライエントであるＡは，人前で話すことができないという主訴（本人が面接票に記入）で，少しでも人とコミュニケーションが取れるようになりたいという理由から本キャンプセラピーに参加した。

保護者とＡへの面接から聴き取れたことは，全くコミュニケーションが取れないわけではなくて，場面によって話すことができないとのことで，特に人前に出て話すことができなくなり，押し黙ってしまうということであった。Ａは，予想された通り，キャンプセラピー前半は，他のクライエントとコミュニケーションできなかった。しかしながら，キャンプセラピーのグループ体験によって，言葉のコミュニケーションを越えて，他者との関係性を築くことが可能になっていった。Ａは，キャンプ中盤あたりから，Ａなりのあり方でグループの他者と繋がり，自己の変化を見せるようになっていった。事例ではグループにおける生活体験や野外活動などの身体的な体験がＡにどのように影響し，そのプロセスが展開したのかなるべく詳細に提示したい。また，キャンプの期間を通じて実施した風景構成法も手がかりの１つとし，Ａにとってのキャンプセラピーの治療的な意味を考えてみたい。

2　事例の概要

(1) 生活歴と臨床像

クライエント　A，男子，14歳（中３）
主訴　人前で話せない。(本人記入)
家族構成　父親（会社員），母親（主婦），弟（中１）
問題・生活歴　両親の話によると，Ａに対しては，３歳頃までは言葉の少ない子どもだと感じていたとのこと。幼稚園では登園をしぶることもあったが，近所の子どもと仲良くし，家を行き来することもあったようである。

家族は，Ａの小学校入学にあわせて他県へ引っ越す。近所に友達がいなかったため学校になじめず，徐々に登校をしぶり始めた。小学２年生の音楽会をきっかけにして，人前で話すことをしなくなった。学校ではいじめもあった。母親の話では，Ａは意思表示することが苦手だったようで，特に，いじめにあったときに，「拒否」の意思表示ができず辛い思いをしていたということだった。Ａは，登校を嫌がるので，母親が毎朝連れ添って登校した。しかし，教室に入ってしまえば授業を受けることができたとのこと。

中学校入学後，９月の運動会までは登校したが，髪の毛を引っ張られる（Aは，腰のあたりまで髪をのばしている）などのいじめから「行きたくない」と意思表示し，登校をやめてしまった。その後，同県内のフリースクールに転入し，自宅を離れ宿舎生活を送る。最初は，会話もできなかったが，ごく少人数の遊びの中では会話ができるようになる。しかし，人を前にして何かを発言したり，発表したりするような状況では，言葉を発することができなかった。また，両親からは，大勢の人混みでは，不安・緊張が強いことがあり，家族でドライブしても，人混みの場所では，車から降りることができないなどのエピソードが報告されている。

臨床像　ほっそりとしている。体格は14歳にしては，小さいと思われた。おとなしい。表情や身体にかたい緊張はみられない。むしろ表情はおだやか。時折にっこりすることもあるが，声をだして腹から笑うことはない感じ。髪の毛を腰まで伸ばしており，肩のあたりでポニーテールにしている。また，指の爪も 1 cm ほどに伸びている。（両親の話によると，足の爪も切ることを嫌がる。キャンプに来るためには，靴を履かなければならず，そのまま履いたが，自然に爪が折れてしまったとのこと。）

（2）面接とキャンプの経過

B（筆者）

C（キャンプカウンセラー・アウトドアインストラクター・男）

〈　〉は筆者とカウンセラーCの言葉，「　」はAの言葉，『　』は第三者の言葉，（　）は補足説明。

＃1面接（7月○日，オリエンテーション・インテーク）

Aの主訴として「人前で話せない」（本人記入）とあり，どの程度筆者とコミュニケーションできるのか試してみた。たまたま筆者は，問診票の家族欄にある弟の名前が読めなかったので，それをたずねたところ「○○○○」と小さな声で答えてくれた。しかし，それ以降は，何を聴いても沈黙が続いた。筆者は，少し戸惑ったが，とっさにペンと紙を手渡して質問してみた。すると，ゆっくりと紙の上に書き始めた。（それ以降は筆談になる。）

〈どうして参加しようと思った〉「やってみたかったから」〈へぇ，どんなことやってみたい〉「H山登山」〈そうかぁ。その他は〉「ロッククライミング」と書いて答える。「登ること」に関心をもっていることがわかった。さらに，キャンプについて心配なことはないかたずねてみた。〈なにか心配はある〉「とくにない」と書いた。過去に社会教育施設主催のキャンプに参加したことがあり，そのことが肯定的な印象としてあったように思われた。筆談ではあるが，コミュニケーションがとれること，また，過去にキャンプの経験があり，アウトドアの活動には興味を示し，キャンプを楽しみにしていることから判断して，キャンプに参加できるのではないかという見通しをもった。キャンプの指導スタッフに対しては，過度の発言の強要は避けること，ロッククライミング等の，安全上コミュニケーションが必要なプログラムでの介入が必要となるかもしれないこと等を伝えた。

〔LMT実施：**図7-1**　（動物：reject［動物を描くことができない］）〕

図7-1（キャンプ前）

キャンプ前期（第1日〜第4日）：不安と緊張の中で

キャンプ第1日目のオリエンテーションでは，自己紹介ができずしばらく沈黙が続いた。ここでは，自分のキャンプネーム（呼んでほしい愛称）を決めて，自分で紹介するのだが，全くの沈黙が続いた（キャンプカウンセラーCが介入し下の名前を呼ぶことを提案し，本人も納得した様子を見せる）。初日は，知らないもの同士が集まっていることもあり，アイスブレークのための仲間作りのゲームが行われた。Aは，活動には参加しているが，人の輪の中心よりは外側で黙って見ていることが多いが，人の指示には反応して協力的な面が見られた。

1日目の夜には，振り返りがあり，キャンプカウンセラーCからノートが配布され「このキャンプでどうしてゆきたいか」を書き，みんなに紹介するという課題が出された。Aは，みんなに話すことができなかった。キャンプカウンセラーCが，ノートを見て伝えてもよいかとたずねると頷いた。「自分で積極的に行動する」と書いていた。初日の行動を見る限り，コミュニケーションの問題を除けば，キャンプ生活への適応は良好に思われた。キャンプカウンセラーCの説明することへの理解，忘れ物がないことや，時間を守る等の基本的生活習慣ができていた。

体力や精神面の把握をかねたMTBとカヌーのトレーニングが行われた。AはMTBでは，大変辛そうであった。坂道では，自転車を降りて歩いていた。しかし，カヌーは操作も問題なく，また，水への恐怖心も見せず楽しそうな様子だった。(母親の話によれば，実は水が苦手だったという。しかし，キャンプに来る前に，フリースクールで練習をしたとのこと。それは参加するためには，カヌーができることが条件になっていたからであった。それまでは，カヌーの経験は全くなかったとのこと。)

ところで，Aには，爪と髪の毛を伸ばし続けるこだわりがあった。初日より，キャンプカウンセラーCと筆者の間でもこのことが問題になっていた。彼にとってみるとかなり大事なことであることが理解されたが，活動の安全上問題であるため，彼に爪を切ることを求めることにした。当初，困った様子をみせることもあったが，出発の前夜，抵抗を示すことなく意外にすんなりと受け入れた。キャンプカウンセラーCが，〈よし切ってやろう。こっちへおいで〉とそばに呼び，黙って切られているAの様子が印象的であった(第2日)。

キャンプの旅が始まる前日，驚いたことにAが言葉を発した。自由時間の遊びの中では，1対1あるいは，少人数だったら会話することができたのである。しかし，毎夜行う振り返りでは，話すことはできなかった。出発前には，できるだけ前と後ろがはなれないようにと，ノートに書き留めていた。MTBによる旅が始まったが，事前の練習と同様にグループからは，遅れて走っていた。通常よりもさらに遅れたことがあった。この時，様子を心配したキャンプカウンセラーCが，〈しゃりバテ（お腹がすいて）か〉とたずねるとこっくりと頷くことがあった。未だ大事な自分の感情を言葉で表現することができなかった。しかし，疲労や不安あるいは弱気な表情は見せず，淡々としている様子だった（第4日）。

キャンプ中期：（第5日～第10日）：つながりの体験

5日目の沢登りでは，自分が小滝を登りきると，振り向いて仲間へのフォロー（手を出す等）をしなければならない。Aは，しばしば忘れてうっかり前へ進もうとする。後ろを歩く仲間が，滝壺でもがき苦戦している。Aはマイペースで前へ前へとなってしまう傾向があった。それを見かねたキャンプカウンセラーCは，〈今日はみんなの命かかっているんだぞ。必死になれっ〉と大声で叱咤した。Aは「はっ」と気が付いたかのように，それまでと見違えるように他者へのフォローをするようになった。

＃2面接（第8日）

〈ここまでどうかな？〉「う～ん。う～ん。う～ん。す～。う～ん。え～っと。まぁ」（間）〈いろいろあっただろうけど〉「え～っと。どうだろ。う～ん」（声を発しようとしているが，言葉にならない）（間）〈キャンプおもしろい？〉「おもしろい」〈何？〉「いろいろ。カヌーかなぁ」（間）〈友達できたかなぁ〉「たぶん」〈たぶん誰？〉「誰でしょう。う～ん」（考えているが，言葉にできない）（間）〈スタッフのことはどう思う？〉「まぁ，いい人じゃないの」〈心配なことは〉「なんだ。これといってないと思う」と語る。〈変わったところは〉「え〜っと。う〜ん。まぁ，体力がついた」と答えた。自ら語ろうとはしないが，問いかけには答えることができるようになっていた。そのせいで，あまりしつこく聴かないつもりだったが，ついつい筆者がたずねてしまうことになってしまった。

10日目は，楽しみにしていたカヌーだった。事前に練習していただけに，楽しむことができている様子が窺えた。また，二人乗りのカヌーでは，パートナーと息を合わせて協調して漕ぐことができていた。

キャンプ後期：（第11日〜第18日）：登山での感動体験

キャンプ前期では，MTBではグループから遅れることが目立ったが，後期はついてゆくことができるようになった（第11日）。ロッククライミングは，ザイルでお互いを結びあって岩壁を登る活動であり，登攀者をもう一方がザイルで確保しなければならない。確保者とのコミュニケーションが心配されたが，岩を登りきった後に「降ります」という掛け声を確保者に向かって告げてから，下降することができた。このロッククライミングの体験中，Aは喜びを表現し，感動的な体験となったことが窺えた（第12日）。

H山登山では，MTBの走りとは見違えるような健脚ぶりを発揮した。MTBとは異なり，グループの前を歩いた。山登りでは生き生きとした様子をみせ，山頂では後続が到着するまでの間，二つある山頂まで，先に登頂した仲間と楽しそうに往復した。早く登頂できたことや仲間と同等に活動できたことが誇らしげに見えた。しかし，そうであっても振り返りでは，自分の感想を語ることはできなかった（第14日，第15日）。

翌日，MTBで走るとき，グループでは地図読みをする者，グループを引っ張る者，道を偵察に行く者等，役割ができあがっていたが，Aは何か役割を引き受けるまでには至らなかった。しかし，自発的に役割を引き受けることや発言はしないが，グループの輪にはコミットし，そこに関わる『そこにはいる』という存在になっていた（第16日）。

キャンプ前期では，MTBではグループから遅れることが目立ったが，ゴールを目の前にした最後のMTBではグループから遅れることなく走ってきた。余裕さえ感じられるようだった。この日は，グループの振り返りでは，ノートに書いた感想を，小さい声だがみんなに伝えた（第16日）。

＃３面接（第18日）

キャンプセラピーの最終日の面接で感想をたずねた。〈キャンプどうだった〉「う～んと，まぁ。おもしろかった」〈何が〉「ロッククライミング」〈どういうところ〉「えーっと。登るほう」〈どんな気持ちだったかな〉「早くつきたいとか……」 また，自分の変化についてたずねたところ，「なんだろ。まぁ，筋力とか」〈ちょっと話すようになったとか？〉「まぁ，そう思う」〈はじめてのときのこと覚えてる？　鉛筆で会話してた〉（笑）〈どう思う〉「そうだろうと思う。変わったと思う。ちょっとは」〈人前で話すことは〉「あんまりいい気持ちしない」〈いろいろチャレンジしてきたけど，人前で話すことにつながるかなぁ〉「つながると思う」。このように話す反面，筆者には，衆目の前で話すことに対しては，まだまだ不安・緊張があるように思われた。〔LMT実施：**図７-２**　（動物：reject）〕

図７－２（キャンプ直後）

キャンプのおわりの会では，仲間やスタッフ全員の前で，今後の目標について話すことになっていた。挙手して前に出て話すのだが，Aは手を挙げることができなかった。Aは最後の発表者となった。筆者としては，介入して止めさせることも考えたが，その場の雰囲気に流されてしまった。45分ほど過ぎた頃，ゆっくりとふるえるように立ち上がった。「人前で自分の思ったことが話せるようになる」と小さな声で語った。Aにとっては，すべてをかけるかのような挑戦だったように思われた。

＃4面接（9月○日，フォローアップキャンプ）

筆者は，キャンプ後の様子についてたずねた。〈体調崩したって聞いたけど〉「まぁ，ちょっと。まぁ，確か」〈熱でたって？ どうしてた？〉「ちょっと……。どうしてたっけ。う～ん。何かしたかなぁ。勉強もちょっとしたし，運動もしたし」といつもより語りが多い。〈ほう。勉強〉「いろいろ（勉強やってる）」（間）〈運動って？〉「バド（ミントン）」〈へぇ。誰とやんの〉「先生と。ダブルス」と話す。以前よりスムーズに会話ができるように感じた。〈この先どうするの〉「工業関係に進みたい。何かを作る」〈ああ，作るの好きなんだ〉「まぁ，普通に，なんだろ，最近は作ってないけど。プラモデル。ガンダムとか。ズゴック（キャラクター）」〈プラモデル買いに行く暇もないか，受験で，希望あるの〉「○○高校」。自分の希望を自分の「言葉」で強く語った。〔LMT実施：**図7-3**　（動物：reject）〕

図7－3（1ヵ月後）

3　考察

(1) 人との結びつきの醸成――被受容感の形成

Aは，保護者の報告やインテーク面接（#１）から，場面緘黙や対人関係の希薄さが状態像として特徴づけられ「まわりの世界とかかわってゆく関係の発達」(滝川，2004）において問題がありASDと診断を受けていた。また，自分の存在に対する安全感や安心感の欠如がみられ，基本的信頼感(basic trust)（エリクソン，1977）が脆弱であると考えられた。人混みを嫌がること，対人関係の希薄さ，あるいは，人前で話せないことは，この基本的信頼感の弱さによるものと考えられ，「自分というものをどうやって保つのか」(山中，1996）ということがAの課題であった。したがって，キャンプにおいては，まず，第１にいかに，Aが被受容感を感じることができる環境や体験を提供できるのかが課題であった。自然と人が錯綜するキャンプにおいては，強いまもり（治療構造）を作ることはなかなか困難なことで，場合によってはかなりAにとって侵襲的になる体験もあるかもしれないことが予測された。

また，キャンプカウンセラーCには，事前にAの状況や見立てを周知していたが，参加する他の子どもたちにはそれができないため，キャンプの初期では，Aに対するカウンセラーの「支え」が必要であった。形式的な社会的な場面，例えば，みんなの前で自己紹介をするなどの場面では，キャンプカウンセラーCがコミュニケーションの補助的な役割を果たした（第１日)。これは，キャンプカウンセラーCとAとの結びつきの醸成（被受容感の形成）に役立った。当然，キャンプカウンセラーCは，個人のあり方や価値観を尊重し，Aに合わせながら関わっていた。Aの場面緘黙を子どもたちの前で問題視することはしなかった。したがって，Aが言葉を発しないことに，疑問を持つことはあっても，あからさまに不満を示す子どもはいなかった。また，キャンプには，おとなしい子どもも少なからず参加していたことが幸いし，Aは，高い不安・緊張を見せることなく，同世代集団の中にいることができた。Aは，「グループにあって個」（高良，2005）でいられたことが奏功したと推察される。

(2)「身を切る」ことの意味――こだわりを捨てる

Aのキャンプへの意欲の強さ（特にロッククライミングや登山）は並々ならぬものがあった。これはキャンプへの適応を促進させていた大きな要因だった。キャンプへの意欲は，Aの伸ばし続けていた爪を切ったことに象徴的に表れていた（2日目）。Aは，手の爪のみならず，足の爪も切ることを好まなかった。さらに，髪の毛も同様だった。Aにとって『切る』という行為が，自分の存在を脅かすような，まさに「身を切る体験」となっていたのだと思われる。発達障碍児にとって，爪や髪の毛は，自分の存在と言えるからで，それを切られることは，想像を絶するような苦痛や不安だったものと思われる。とは言え，活動の安全管理上は，長い爪は怪我の可能性が考えられた。結局，Aは，自分の常同性（こだわり）を犠牲にして爪を切ってキャンプを続けることを選んだ。それは，「犠牲」と引き換えに，自らの変化を選んだということができよう。このことは，Aにとってきわめて大きな意味を持つと思われた。一般的に，発達障碍児の常同性の保持は，かなり強固なものであると考えられているからである。

（3）非言語的な社会的スキルによる他者との関係性の構築

Aは，MTBによるグループプランで，体力的な問題からグループから遅れることがしばしばだった。しかし，遅れることがあっても誰も責めないことや，グループと離れてしまっても必ず待っていてくれる体験をした。このことによってAに安心感や信頼感が醸成された。

比較的キャンプの早期から，なんとか個別に仲間と会話できるようになったものの，いざ，対面になると，言葉にできなかった。「遅れてごめん」「待って」と声にだして伝えられなかった。しかし，一所懸命活動に取り組むことで仲間として認められていた。MTBに限らず黙って行動し続けることが，信頼関係を築く手段となっていた。そのような仕方でグループの中に「存在」する人になっていた。言葉では表現しないが，身体的活動を通じた非言語的な社会的スキルを用いて，自分と他者との関係を育んでいたように思われる。

しかし，登山や沢登りでは，自分の興味関心にこだわりすぎて，他者のペースに合わせることやフォローへの注意が散漫になることがあった。沢登りでは，後続に手を出してサポートしなかったため，見かねたキャンプカウンセラーCから大きな声でサポートしないことを指摘された。「Aサポートしろっ」と大声をかけられた。この声かけは，キャンプカウンセラーCにとっては，渾身の声かけであった。それは自己中心性の強いAの心の奥底に届くような声かけであったと思われた。その後，Aは見違えるように後ろを振り向いて手助けするようになった（叱られたからという解釈もあるが，筆者にはそうは見えなかった）。手を出すものと手を出されるものとの間で意思疎通のある行動ができるようになった。Aは，キャンプ前半は「グループにあって個」であったが，次第に「グループとしての個」という存在になっていたように思われた。

一方，Aにとって，グループの皆の対面で話すこと（例えば，夜のミーティングで感想を求められる場面。強要することは一切ないが，皆が期待していたことは事実である）は，苦痛でこそあれ肯定的な意味が見いだせない体験だったと考えられる。「いい気持ちしない」（＃３面接）と語る通り，不安・緊張を高めることになっていた。

しかし，Aは，キャンプ最終日には，皆の前で勇気をふりしぼってキャンプの感想を述べた。椅子から腰を上げるまでに20分ほどかかった。周りは黙ってその様子を見ていたが，筆者にはそれは形容のしようがない程痛々しく映った。Aのその勇気を讃えたいと思う反面，その行為の心理的な危険性も感じないわけにはいかなかった。キャンプで形成されたグループの力がAに感想を述べることを強いることになったのだが，このような「集団の力」のマイナス面を充分に心得ておかねばならないと思われた。

（4）LMT の変化が意味するもの

最後に，Aが描いた３枚の風景構成法の絵から，Aの内的プロセスについて考察したい。まず，１回目（キャンプ前）の風景構成法（**図7-1**）であるが，まさに，Aの安全感の薄さを感じさせるような，荒涼とした世界が描かれている。彩色も山，川，田に軽く施されているのみで，そのほかのアイテムや空間に色は塗られていない。そのことが外に向かうエネルギーの弱さを表しているように思われる。

田，道，家，木，人は，それぞれがなんとかつながりのある構成になっているが，それらと遠景群である山，川はつながりがない。川は伏流してしまい生命力の流れが感じられない。また，Aは，「動物（生き物）」を描くことができなかった。これは動物が示すような本能に近いレヴェルでの情動の処理の困難さを示しているものと推察された。

２回目（メインキャンプ終了時）のLMT（**図7-2**）では，１回目に比較して描線が力強く，彩色も人を除くすべてのアイテムになされており，より色濃く塗られている。キャンプ体験をやり遂げた自信が素描や彩色に表れているように推察された。また，家には窓が描かれ，田には道がつながり，あぜ道ができている。対人的なコミュニケーションのための窓が形成されたことが推察された。小さな木の実，黄色く咲く花は，小さいながらAなりの成長としての実りのように感じられた。Aは，この時も動物を描くことができなかった。

3回目（フォローアップキャンプ）では，無意識や内界の象徴と理解されることのある「川」と，意識や社会の象徴と理解されることのある「道」をつなぐ，橋が描かれた（**図7-3**）。道や川そのものは細いものの，内界と外界（社会）とのつながりが形成されたように思われる。また，田は，すでに刈り取りを控えた夏の終わりの時期で，田んぼで作業をしている自己像が描かれている。川の下流は石で護岸されており，いくらかの増水には備えているように思われ，Aの心理的な安定感を示す描画となっている。全般的には，描画の統合度が高くなり，自我の機能レヴェルが進展しているように推察される。しかし，いずれの風景構成法においても「動物」は描かれることがなかった。これは，Aの情動面の機能の発達に関連していることが推察され，ASDにおける情動の内的処理の拙さを示しているように思われた。キャンプにおいてある程度の被受容感や自信を獲得したものの，未だ不安感があり自己を守り得ない部分があると考えられる。

第 8 章

事例 B
自分本位にふるまう ADHD 児

1　はじめに

第 4 章で示したように，発達障碍児の自己形成において，被受容感を得ることによって社会的スキルを身につけることが明らかである。しかしながら実際には，発達障碍児が社会的スキルなどの社会性を身につけることは，なかなか難しいことである。発達障碍児は，自己中心性が強く，他者との関係を作るには，ある程度，自己中心的な自己を変えなければならないからである。

本章の事例のＢにとって，当初，グループ内の仲間は，三人称の他者（彼や彼女）として存在していた。目の前に存在する「他者」はいわゆる他者であり，Ｂと他者との関係は，きわめて希薄なものであり，何か会話をしても一方的なもので，相互理解を伴うような対話には程遠いものであった。本来，人と人との関係は，かけがえのない，「我と汝」という二人称の関係（マルティン・ブーバー，2021）であるはずである。しかしながら，キャンプの活動を続ける中で，徐々にＢと仲間の関係が変化していった。その契機となったのは，キャンプカウンセラーやグループの仲間たちの受容的な態度や時に厳しい態度であった。このことが自己中心的なふるまいから脱自己中心的なふるまいへと変化させた事例である。以下では，このような変化を示したプロセスを示したい。

2　事例の概要

(1) 生活歴と臨床像

クライエント　B，男子，11歳（小５）
主訴　特になし。(本人記入)
　　思い通りにいかないと暴力をふるってしまう（父親面接より）
家族構成　父（会社員），母（主婦），兄（14歳），弟（５歳）
問題・生活歴　ADHD の診断を受けており，学校では特別支援学級に在籍。思い通りにいかないと暴力をふるってしまうため，友人から『お前とは遊べない』と言われたことがある。仲間と気持ちを通わせて仲良くなってほしい。自分のことは自分でできるようになってほしい（父親面接より）。
臨床像　同学年にしては身長が高く，太っている。外見は，ジャイアンを小さくしたような体形。体格の割には甘えた声で話し，やや幼くあどけなさが残る感じ。

(2) 面接とキャンプの経過

B，C（中２・男）D（中１・女）E（小６・男）F（小６・女）G（小５・男）
H（キャンプカウンセラー・施設職員・女）
I（キャンプカウンセラー・大学生・男）
〈　〉は筆者とカウンセラーの言葉，「　」はBの言葉，『　』は第三者の言葉，
(　) は補足説明。

＃１面接（7月○日，プレキャンプ）

〈どうして参加してみようと思ったの〉「わかんない…。お父さんが行けって…。でもおれキャンプ好きだと思う」〈？〉「おれ寝るときがわくわくする」〈へぇわくわくするんだ〉「うん。おれ１回だけやったことがある」〈どんなキャンプだろ？〉「申し込んでやるやつだけど」〈？〉「忘れた」〈お父さんが行ったらって，ということだけど，そのときはどう思ったの〉「よっしゃーって。でも申し込んで当たればねっ。いつも当たるから自信あった」。

〈キャンプでやってみたいことあるかな〉「…虫取りとか…，カブトとか。あと，川とかで釣りとか…」〈ああ。虫取り好きなんだ…，釣りも〉

〈今，困っていることとか，心配なことなどあるかな〉「寝るときが楽しみ」〈うん。うん。それって楽しみだよね〉「あと，う～んと…。13日間居れるかどうか。その前に６時に起きれるか心配。…特に６時に…」〈いつもは…〉「いつもは，少し遅刻するけど…，７時20分に起きて，ご飯食べて，７時35分の集合になんとか間に合ってる」〈ええっ，ご飯食べる間あるの〉「超猛スピードで食べて」（間）〈学校は…〉「楽しい」〈そうか楽しいんだ〉

〈じゃあ，キャンプで心配なことはどうかな〉「１週間は居れると思うけど…」〈それはどういうこと？〉「お母さんに会えないか…」〈寂しくなると〉「うん」。〔LMT実施：**図８-１**〕

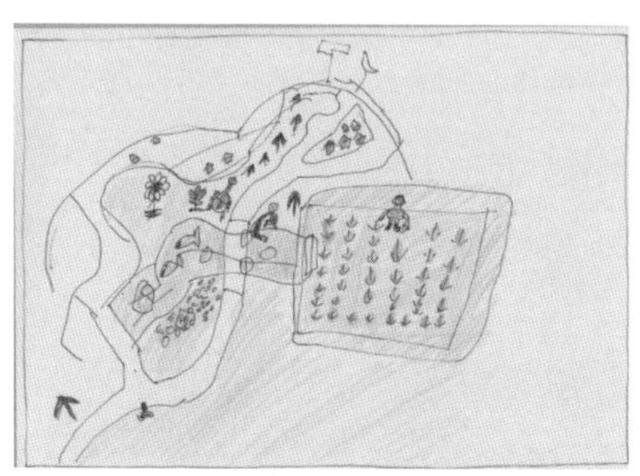

図８－１（キャンプ前）

キャンプ前期（第１日〜第４日）：自分本位にふるまう

開講式では，うなだれ，突っ伏してプログラム・ディレクターの話を聞いていない。スタッフが他のキャンパー（参加者）と会話をしていると，注意を引こうとしてスタッフの足を踏みつけた。宿泊先に到着後，13日間のキャンプの目標決めを行った。話し合いでは，「崖から落ちる」「死ぬ」などの他者の気持ちを気にかけない不規則発言が目立つ。話し合いの途中，修正テープや虫に注意が集中し周囲の話が耳に入らなくなることがあった（第１日）。

２日目からメインプログラムであるトレッキングが始まった。登り坂になるとペースが落ち，「足痛い」「もう歩けない」「もう無理」「お腹痛い」などの消極的，否定的な発言が目立つ。野外炊事では火起こしを担当し，それ以外のことを手伝うようなことはない。キャンプカウンセラーのＩによれば，自分の好きなことだけをやっている印象，ということであった（第２日）。

トレッキングではＢの歩くペースが遅く，他のメンバーとＢの間に距離ができてしまうことが多い。前を歩いている人が見えなくなると悲壮な様子で「待って〜」と叫び続け，先頭を歩くカウンセラーのＨが〈こっちで待ってるよー〉と返すと「うぅー」とうなって歩く。前日は否定的な発言が目立ったがこの日は黙々と歩くようになり，登り坂でも不満を言わずに登るようになった。

炊事では，前日同様，自分のやりたいことをすることが多かった。この日の他の参加者，小６のＦの日記に『Ｂが真面目に歩いている』『Ｂが大丈夫？ と声をかけてくれた』という記述があったことや，小６のＥが『21時20分までは一緒に荷造りするから』と就寝前にＢの荷物整理を手伝ってくれたことから，グループのメンバーとＢの関係性が少しずつできてきたように感じた（第３日）。

第４日目は休養日であった。食事の片づけでは，すすがついた鍋を夢中で磨き，ピカピカに仕上げ，周りから褒められていた。午後は男子キャンパーとチャンバラをして過ごしていたが，昼食作り中に他班の男の子と取っ組み合いのけんかをしたこともあり，他の子はＢとはあまり積極的に関わりたくない雰囲気が生じていた。

就寝前，同じテントのＧに，「暑い。（テントの）チャックあけて」と甘え，Ｇも嫌がる様子もなくＢにこたえていた。Ｇに対しては良好な関係を築こうとしている姿がよく見られた。また，日中の活動ではＦがＢに対して『発言する時はちゃんと手挙げようよ』『ちゃんとやろうよ』という声をかけている。一方でＩキャンプカウンセラーは班員がＢを肯定的にとらえようとしている印象を受けたと語っていた（第４日）。

キャンプ中期（第５日〜第８日）：褒められる体験の中で自信を得る

朝，昼食のおにぎりがグループに配布されると，自分の好きな具材のおにぎりを確保した。他の人のことは考えておらず，周りの冷たい視線も気にせず譲ろうとしなかった。トレッキングではこの日から子どもたちが先頭に立った。Ｂは他の立候補者を押し切る形で先頭に立つと「おっしゃーいくぞー！」と張り切っていた。後ろが遅いと「早く来い」と文句を言い，後ろに気を遣うようなことはなかった。休憩時はグループでの会話も増えてきており，楽しそうに過ごしていた。振り返りの際，全員が遅れずに歩くためにはどうしたらいいかとたずねられると，「人を気にして歩く」と答えたが，「100㎞歩かない」「がんばらない」という発言もあり，不真面目な姿勢でいることも多い（第５日）。

トレイルの登り坂を上まで登りきると，「みんな頑張れ」と後続のメンバーに声をかけ，居合わせた他班にも「２班がんばれ」と応援していた。下りが苦手なＤに「足ここについたほうがいいよ」などと気遣う姿も見られた。Ｂの属する１班では，先頭は道標があるポイントごとに交代するというルールを設けていた。この日のゴールに近づくと「D，先頭行けよ。俺に考えがある」と早めに先頭を交代してちょうどゴールで自分に先頭が回ってくるように画策するが，うまくいかず仲間からはあきれた様子で見られていた。振り返り中，グループの面々から，『Bって我慢できないよね』『自分勝手』『わがまま』などと言われ，Bは「ちげーよ」「はあ？」「お前バカだろ」などと言い返していた。グループとしてはおおよそBのわがままを許容しているが，少しずつ不満がたまり始めていた。あえて，相手にしないようにしている様子も見受けられた（第6日）。

ラフティングでは船長として漕ぐタイミングの号令をかけていた。炊事では，メインカウンセラーであるHが，野菜を切るのが得意なBのことを「シェフ」と呼びだし，周りのメンバーもその技術を認め「シェフ」と呼ぶようになった。Bは熱いはずの火の近くで調理を続け，メンバーから認められ，褒められたことがとても嬉しい様子であった。シェフという意識からだろうか，「I，おかわりして！」「○○，ご飯食べて！」といつになく周囲にご飯を勧めていた。船長やシェフという役割を得たことによって積極的に活動に取り組めるようになったようだった。この日の振り返りでは，グループでの話し合いの前にアンケートが実施された。グループのメンバーが先に終わってしまったため，Bがアンケートを一時中断する形で話し合いが始まった。Bは，不満気に「もう俺寝る」と言い机に突っ伏していた。見かねたGが，一度話し合いから離れさせようとするが「俺はみんなとここにいる」と譲らず，プログラム・ディレクターの説得にも応じず「寝ながらここでやる」と手を振り払ってその場に留まろうとしていた。振り返りでは，名前こそ出さないものの『人の嫌がることをする』といった発言があり，B本人も自分のこととわかっているようだったが，聞く耳を持たずひたすら冗談でかわしていた（第7日）。

トレイル上でFが先頭の際に，Bが地図の確認を手伝いFから感謝されていた。この頃になると歩いている最中は一切文句を言わなくなった。この日の振り返りでは，『面倒臭いと言わない』というグループの約束を作った。何かの拍子にBが「面倒臭い」と発言するとメンバーが『あーっ』と指摘し，終始和やかな雰囲気であった。この日のBの日記には，「ちずをみてみんなでがんばりたいとおもいます」とグループについて書かれていた。メンバーもBにそっけない態度をとることは少なくなってきており，グループのメンバーとの関係性が少しずつ深まってきたように感じた（第８日）。

キャンプ後期（第９日〜第12日）：仲間のやさしさから他者性を獲得する

80㎞に及ぶトレイルゴールの日であった。Bは先頭に立ちハイペースで歩き，地図の確認もせずに先へ先へと進んでしまう。Iが〈どうして？〉と問いかけると，昨晩の振り返りで，先頭のペースに後続のメンバーが合わせてついていくことを確認していたこともあり「オレが先頭だからついてこないのが悪い」「坂（登り坂）になると置いていかれる（先に稼いでおきたい）」とこたえ，指摘に対して不満な様子が伝わってきた。昼食休憩直前の登り坂で不機嫌になり，昼食は班から外れて１人で食べていた。Eが「一緒に食べようよ」と誘ってくれたが，「疲れたからここで食べる」と結局１人で食べた。

トレイルのゴールでは，メンバーで横１列に並んでゴールすることに決まったが，Bはゴール寸前に１歩前に出て，持っていたストックでゴールの横断幕を勢いよく突いてゴールした。ゴールから目的地までの下り道では，Bが先頭を譲らず，周囲が「わがままだ」と言い喧嘩になりBは不機嫌になった。Bは班から離れ１人で先に行ってしまったが後ろをチラッと見たり，後ろ向きに歩いてみたり，とグループの様子が気になるようであった。キャンプカウンセラーのIが追いかけ，落ち着いてきたところで隊列に合流した（第９日）。

夕飯時，お替わりを巡ってBとCのけんかが起きた。この日のメニューはホイル焼きであったが，異なる味付けのどちらを食べるかということで言い争い，結局Cが譲り余った方を食べた（第10日）。

第11日は登山で，山頂に向けての途中の山小屋までの行程であった。朝，Hからアドバイスされた通り，Bはお昼を休憩地点まで食べないと言い張った。休憩地点までのトレイル上に虫が多かったこともあり他のメンバーとも意見が一致し，Iはこのキャンプで初めてグループの一体感を感じたと言う。登り道ということもありBは相変わらず先頭から離されるが，Bより後ろを歩くメンバーも抜かそうとはせずにまとまって歩いていた。「30分歩いて休憩」というルールを決めたことが功を奏したようで，Bも順番を守って歩いていた。

その日の宿泊先である山小屋に着くと，ベッドの位置決めの際にもめた。BとEの希望する場所がかぶったもののBが一方的に押し切ろうとしたことが原因であった。振り返りでは，「曲りや登りで遅くなるので，頑張ってみんなについていきたい」と翌日への意気込みを述べた。振り返りは日を追うごとにしっかりと参加できるようになり，他のメンバーもBの発言に耳を傾けていた（第11日）。

M山登頂の日を迎えた。Bは歩き初めた時は先頭にいたが，急登にさしかかると足の痛みもありグループから遅れ始めた。B以外のメンバーは先に山頂に到着したが，ゴールの横断幕はくぐらずにBを待っていた。下山中にとった休憩後，Bの準備が遅いことに対してCが腹を立て何も言わずに1人で先に行ってしまった。他のメンバーが諦めて放っておこうとする中，Bは「待って〜」「C待って〜」と1人追いかけていた（第12日）。

夜の振り返りでは，「1，2日目の山登りはすぐ疲れたりしたけど，疲れても下りが早くできるようになった」と，まじめに参加していた（第12日）。

閉会式では，「この13日間で1番楽しかったことは，山登りと炊事です。最も楽しかったことは山登りを登った達成感です」と少し言葉に詰まりながら言葉を選んで話した。スタッフが前に出て感想を述べると机に突っ伏して泣きはじめた。キャンプ中はメンバーと衝突することも多かったものの，開会式とまるで異なるその姿からはBが肯定的にキャンプを捉えていることが伝わってきた（第13日）。

＃２（第13日目，第２回面接，閉講式前）

〈キャンプはどうだった〉「楽しかった。かまどでの炊事とかラフティングとかいつもできないことができたこと」と語り，シェフと呼ばれ野外炊事で尊敬されていたことが自信になったことをうれしそうに語った。〈何かキャンプで学んだことはあるかな〉「山登りの小屋に泊まるのが初めてだったからトイレについて学んだ」〈印象に残ったこと〉「山登り」〈？〉「トイレ（トイレットペーパー）の節約とか」〈変わったところ〉「（以前）お父さんと登った山でも辛かったのに今回山に登れたことは自分でもすごいと思った」。〔LMT実施：**図８-２**〕

図８－２（キャンプ直後）

3　考察

(1) キャンプの社会という枠におさまるということ

Bは，ADHDと診断されており，学校生活では，自分の思うようにならないと暴力を振るうなど自己中心的な行動から日常生活ではいわゆる友達と言われる存在もなく，社会性に欠けていた（＃１面接)。したがって，キャンプセラピーでの課題は，いかにＢらしさを残しながら，キャンプのグループの中で適応的に行動することができるかということであったと思われる。学校などの日常生活では到底認められないであろうＢのふるまいが，キャンプという社会集団では，許容される程度のふるまいへと変わることを目指していたと言える。このことは，Ｂに限らず発達障碍児が少なからず共通して抱えている課題とも言える。

他人の足をわざと踏みつけるなどの暴力的な行為（１日目)，場を考慮しない不規則で否定的な発言（１日目)，自分のやりたいこと以外は手伝わない（２日目）などの行動に表れていたＢの行為は，まさに自己中心的であり，他者の存在を全く無視するようなものだった。しかし，翌日からトレイルの縦走が始まると，自分の荷物を背負って山を歩かざるを得ないことに始まり，おのずと，そうせざるを得ないこと（natural consequence）が多くなったことが，少しずつＢの行動を変えていく契機になったと思われる。

まずは，キャンプセラピーの枠の中におさまって活動できるということが，Ｂの変化の第１歩であったと思われる。悪態をつくＢをやんわりと諭し，キャンプカウンセラー２人がＢの心や行動を許容しながら（抱えながら）活動を促していた。ある意味，２人のキャンプカウンセラーは，他のグループのメンバーから心理的な脱落をしないように「守る」という大きな役割を果たしていたと思われる。このようなキャンプカウンセラーの受容的な態度が，Ｂの被受容感を高め，Ｂはグループに受け入れられる社会性を少しずつ身につけていったものと考えられる。

（2）主体的自己が形成されること

河合（2010）によれば，発達障碍児の特徴として「主体の欠如」が指摘されている。Bのふるまいは，自分のことを棚に上げて不平不満を言うことや，自分の行為であるにもかかわらず，他人事のようで，自分で責任を引き受けないような，まさに主体のない行動がしばしば見られた。すなわち，未だにしっかりした主体を基盤に行動できないBは，むしろ相手に主体をまかせてしまうようなあり方でグループの中でふるまっていたように思われる。おにぎりを独占し（5日目），常にトレイルで1番を目指す（6日目）Bの前には，他者が存在しないかのようであった。

しかしながら，日が進むにつれて，グループのメンバーたちも，Bへの不満が高まりBの行為をとがめるようになる。しかし，優しく指摘するだけでは，なかなか葛藤や内省がみられず，少し関係が良くなっても些細なことで元の木阿弥に戻ることが多かった。ところが，毎夜行われる振り返りでは，6日目や7日目あたりから他のメンバーから遠慮なくBの問題や不満が直接語られ始めるようになる。畑中（2010）は，発達障碍児の主体の形成には，「（みんなと同じ）世界に参与するための同質性と差異が生まれる契機が必要である」と述べている。Bは，共に行動する同じグループからの不平不満によって，自分が他者とは異なっているという差異を感じ始め（当然心理的脱落をしない程度であるが），少しずつ主体が生じ始めたと思われる。これには，前述したようにトレイルをみんなと一緒に歩かざるを得ないこと，すなわち同じことをして，さらに差異が生じるようなグループでの真剣な切り結びのような体験の繰り返しがBの主体としての自己の形成の契機になったものと推察される。

（3）他者が他者として存在するようになること

これはある意味，主体的自己が育まれることである。前述の通り，メンバーから受ける批判は，Bが「他者」を強く意識する契機となったと考えられる。活動を共にし，関係性が深まる中で，時に自分に対し温かく，時に厳しく関わるグループのメンバーは，Bに揺さぶりをかけることになったと言える。このような経過を経ながら，Bが大きく変わる体験があった。Bはメンバーから「シェフ」と呼ばれるようになった（7日目）が，これはBにとって他者との関係性を構築する大きな体験となった。他者が喜ぶことをすると認められるという一見当たり前のように見えるこのエピソードは，Bの喜びと自信となり，他者との関係性の質を変える体験となった。真に社会的なスキルを学ぶ契機になったと考えられる。Bにとって「他者」が「他者」として存在するようになったと言える。キャンプ中に何度もぶつかるだけで，壁のような存在であった他者（4日目，6日目）が，単に壁ではなくて相互に浸透する「他者」（7日目）になったからである。

Bは，キャンプを通じてグループのメンバーから否定される体験をしたり，一方で，受容される体験をしたりしながら，自分らしさを他者に受け入れられる程度のふるまいに変えてゆくことができたと考えられる。そしてBは，キャンプを通して他者と衝突しながら他者性を獲得するまでに変化したと言えよう。怒って先に行ってしまったメンバーを1人で追いかける姿（12日目）は，他者と共にある喜びを知ったBなりの主体的な自己表現であったように思われる。

（4）LMTの変化が意味するもの

図8-1のLMTでは，1つ1つのアイテムは，同年代の子どもが描くものと同質レヴェルで描かれているように思われる。しかし，構成度はあまり高くなく5年生にしては低い。立体感や遠近感のなさ，アイテム間の配置は，あまり距離がなくくっ付くように描かれており，Bは，自己中心的な自我のレヴェルに留まっているように思われた。

また，堰き止められているように見える川は，心的エネルギーの流れのまずさが窺える。一方で，大きく描かれた田には，苗が植えられており，人は，そこで草取りをしているとのことである。どこか勤勉な様子が窺える。また，たたずむ様子はユニークで楽しそうな感じも受ける。釣りをする人は，意欲的な面を示しているようにも思われる。

図8-2のLMTは，キャンプ直後に描かれたものである。キャンプ前に比較して大きな変化が認められた。視点が上方に移動し構成の広がりがみとめられる。また，**図8-1**では，川の流れが止まり，心的エネルギーが滞っているように思われ，感情面のエネルギーのコントロールのまずさを示しているように考えられる。しかし，**図8-2**では，上流から下流へと川の水がスムーズに流れており，自然な心的エネルギーの流れへと改善されたように思われる。また，絵の右上部に描かれた町並みには，日常の人々の営みが描かれ，人と人のつながりが感じられるようになった。

そして，**図8-1**では田植え作業が描かれていた。それが**図8-2**では，稲となって大きく成長しており，それは収穫の時期を迎えたのであろうか，コンバインが描かれている。Bの成長と重なるかのように感じられる。**図8-2**では，**図8-1**に比較して風景が開拓され（カルティベイトされ）社会化されたものとなったが，このことは，まさにBの社会性の獲得を示しているように考えられる。

第9章

事例C　からかわれるとカッとなって暴力をふるってしまうADHD児

1　はじめに

発達障碍児の中には，自分の衝動性を押さえることができず，つい攻撃的になり暴力をふるってしまう子どもがいる。当然ながら，このような子どもは，暴力をふるいたくてふるっているのではなくて，内的な衝動をコントロールすることができないのである。岩宮（2004）は，思春期の身体は変化の途上にあるため不安定な境界性を有し，その境界性ゆえに身体が暴力などの衝動性の通路になりやすいと述べている。まさに発達障碍児の中には，定型発達児に比較して不安定な境界性が顕著な子どもが多いように思われる。このような発達障碍児の攻撃性は発達とともに様々な能力へと展開する可能性を秘めており，より創造的，建設的な能力として発揮できる場が必要である。本章では，学校でからかわれるとカッとなって暴力をふるってしまうという中学1年生男子Cとのキャンプセラピーの事例を提示する。キャンプでは，クライエントCの攻撃性がしばしば問題となったが，グループの人間関係や挑戦的，克服的な活動を体験するうちに，その攻撃性の表出に変化が見られるようになっていった。以下では，クライエントのキャンプの経過を振り返り，攻撃性と身体的体験の関連性を考察すると同時に，キャンプセラピー体験の意義について検討したい。

2　事例の概要

(1) 生活歴と臨床像

クライエント　C，男子，12歳（中１）
主訴　相手にからかわれるとすぐカッとなって暴力を出してしまう。（本人記入）
家族構成　父（40代後半；会社員），母（40代後半；主婦），姉（22歳；会社員），兄（21歳；大学生），姉（15歳；中学生），妹（０歳）
問題・生活歴　父親の話によれば，中学校の担任からは，喧嘩になって授業にならないと言われている（本人によれば小２の頃から）。自分に自信がないのかなぁと思っているとのこと。小６のときグループのある子からお金を要求され母親の財布からお金を抜き取ることがあった。５人きょうだいの第４子（二男）であり，生まれたばかりの妹がいる。
臨床像　中１にしては小柄（140cm 程度）。礼儀正しく，施設の職員にもしっかり挨拶ができる。日頃の喧嘩のせいで，こぶしが傷み赤くなっている。面接中は，口をくちゅくちゅと鳴らしチックのような症状がみられた。

(2) 面接とキャンプの経過

D，E，F（中３・男）G（中２・男）
〈　〉は筆者の言葉，「　」はBの言葉，『　』は第三者の言葉，（　）は補足説明。

#１面接（7月○日，オリエンテーション）

どんなことに困っているかとたずねると「学校で相手がおれのことをいつもちょっかい出してからかってくる。すぐおれがカッとなって殴ったり，蹴ったりしてしまう」。「今は２日にいっぺんぐらい。何発も殴ったり，蹴ったりする」と学校での喧嘩の様子を語る。暴力をふるうことについては，いけないことだと思っているが，段々何も考えられなくなってしまうのだとのこと。「すぐ怒ったりするのは直したいとは思っている」と話す。父について，喧嘩をすると怒るが，やさしいところもあるといい，母については，基本的にやさしいが，生まれたばかりの妹の世話に追われているとのこと。キャンプについては，母がインターネットで知り勧めてくれたのだと語った。楽しみにしている活動は，MTB，H山登山と答えた。またキャンプへの不安については，特にはないと答えつつも，山登りのときに道に迷うことや，高山病にならないかと語った。〔LMT実施：図9-1〕

図9－1（キャンプ前）

キャンプ前期（第1日～第4日）：
キャンプに適応し始め少しずつCらしさを見せる

最初は，やや緊張がみられたが，アイスブレークのゲームが進むにつれて，硬さがほぐれたのか一気に口数が多くなり，むしろ調子のいい言動にまわりが戸惑う様子だった。ゲームの課題が難しくなり，なかなか良いアイデアが見当たらずグループが停滞した。Cは，次々とアイデアを出すが，現実味のないものばかり。Dから『黙ってろ』などと口をさえぎられるほどであった。毎夜実施される振り返りのときは「ゲームが4つのうち2つしかクリアできなくて悔しかった」と語った。また「ふざけた感じが多かった」とやや笑いながら語ったところ，Dや他の者から『おまえだろ！』と言われる。笑いながら首をすくめる様子は，筆者には，幼いいたずらっ子のように映った（第1日）。

Cは，中学1年生ということもあるが，小柄で体力的に他の者から劣り，登り坂ではMTBを降りて歩くことが目立った。そばで見守るキャンプカウンセラーには，助けてほしいような視線を送るが助けてくれないとわかると走り始める。全般的には，押して歩くことが多かったが，最後までがんばる姿勢にCの根気強さも感じられた。その夜の振り返りでは，低い自己評価が語られた（第2日）。グループでの走りでは，上り坂などでは遅れることが多いため，ルートを確認するための地図読みは協力できずまかせきりになることが多かった（第3日）。Cは学校では頻回に喧嘩し，授業にならないということであったが，キャンプでは口喧嘩はあっても，暴力を振るうようなことは見られなかった。

キャンプ中期（第5日〜第9日）：からかいに我慢できず怒りを爆発させる

5日目は，沢登りだった。沢の最も急な流れを歩くため，先を歩く人を全員で押しあげたり，逆に後の人をフォローしたりと協力が不可欠なプログラムだった。朝，出発前に，車の座席を巡って，CとGのトラブル（きっかけは誰が助手席に乗るのか）が起こった。グループの他のメンバーは，Cの行動を『大人げない』と責めたため，ふてくされてしまい「もうおまえらの助けはいらねぇよ」と言いだす。実際に沢に入っても，意地をはって人の手を借りようとしなかった。しかしリーダー的存在のEは，Cに手を出し続けていた。徐々に難しい箇所も増え始め，とうとうEの手を借り始めた。いつの間にかCも協力し始め，活動に熱中していた。

Cのグループは5名で，Eを中心に読図やルート選択をして進んだ。少しずつグループの走りは良くなっていった。その夜，就寝後しばらくしてテントの中で，CとGの喧嘩が起こった。Cがテントの中でライトを探していたところ，Gが，Cがライトを見つけられないことについてからかったのだという。Cの怒りはおさまらず，Gに殴りかかろうとする。キャンプカウンセラーが止めに入って体を押さえるが，止めようとしない。キャンプカウンセラーは，2時間ほどCを押さえていた（腰をおろして後ろから抱えるようにしていた）。いつの間にか，Cは疲れてキャンプカウンセラーの腕の中で眠ってしまった（第6日）。

Cは，翌日は，喧嘩がなかったかのように明るくしている。MTBによる峠越えの個人走では，「所要時間」と「なるべく歩かないこと」を目標に臨んだ。Cはキャンプ開始時と比べて体力もつき走力がアップしているのか，グループ内では3番目のゴールとなった。走力もさることながら走る姿勢に成長が感じられた。これまでならば，通りかかるスタッフを見たり，話しかけたりと注意散漫な感じであったが，この時ばかりは，自分自身の走りに集中していた。振り返りでは，「目標の時間をクリアしたが，歩きすぎた。歩きたい自分とこぎたい自分。天使と悪魔が会話してた。話すどころか闘ってた」と語った。自信を得たような語りだった（第7日）。

＃2面接（第8日）

2回目となる面接で，Cにこれまでのキャンプについてたずねると，「楽しい」と語る（筆者は少し戸惑った）。また，仲の良い友達についても語り，DやGとの揉め事はあったものの，キャンプの中で人間関係がある程度良好である様子が窺われた。さらに，キャンプのスタッフがおもしろいこと，キャンプがとても自由に感じると言い，「学校の先生は100倍厳しい」と語った。筆者は，学校では，よほど厳しい指導を受けており，孤独であった印象を受けた。何か言い訳をしても，耳を貸してもらえないことも多いのだろうと感じた。キャンプでの揉め事は，学校の比ではないのであろうと思った。Cは，感情の起伏が激しいものの，活動する中で，少しずつその起伏が小さくなればよいと思った（第8日）。

キャンプ後期（第10日～第15日）：限界に迫る体験の中で自分と向き合う

キャンプ前半では，グループ内でCとGなど個人的な口論や諍いが目立っていたが，この頃よりグループの問題が顕在化するようになった。そして，グループの問題を共有して議論するようになっているように思われた。グループがまとまるプロセスとしてはやや遅いが，メンバーが誰かに忖度することなくさまざまな感情を振り返りの中で表現するようになった。Cは，例えばGやDへの不満は態度のみで示すことが多かったが，わずかではあるが言葉で表現するようになった（第10日）。

12日目は，ロッククライミングだった。CはFと組んだ。Fはおとなしく言葉は少ないが，意見を求められると自分の考えを率直に伝える性格だった。Cはルートの核心部（難しい箇所）で難渋し，動きが止まってしまった。Fは，確保しながら黙ってその様子を見守っている。スタッフやまわりの仲間からは，声がかかる。『がんば！』『いろいろ試してみろ』。Cは，からだを動かしもがくが手がかりも見つけられず，なかなか高度が稼げない。下のFに向かって「どうやって探すんだ？」と答え欲しさにたずねると，Fはそっけなく『自分で探せよ』とひと言だけ返した。Cは，Fのアドバイス（？）通り，時間を要したものの，自分の力でルートを攻略した。振り返りでは，クライミングは，「すごく命を預けていると思う」，確保は「相手を支えることが大変だった」と語った。

H山登山は，少しずつ遅れグループの後方を歩くようになっていった。6合目に差しかかった頃（最もきつく疲れが出ると思われる頃），Dと口論になり，つかみかかろうとしたが，身体をDに押さえつけられ涙を流す。歩みもペースダウンし，最後尾を歩いた。星空を眺めながらの登山となった。7合目の山小屋に到着したときは疲労困憊だった。得意な冗談も言えないほどだった。翌日は，ご来光を見るため3時起きだったが，もはや登山の体力は残っていなかった。出発したものの8合目で足が止まり，下山せざるを得なかった。Cの登山は，H山8合目で終了となった。他の者は，山頂を越えて下山した。Cは来たルートを下山したが，さすがにショックの様子で，合流後も言葉少なであった（第14日，第15日）。

キャンプ後期（第16日〜第18日）：自分の不満な感情を振り返りで語る

Cは不満を態度で示す一方で，さっきまで怒っていたことを忘れたかのように機嫌を取り戻し，みんなと仲良くしている。Cの感情の起伏は，最初のころに比べると，さざ波程度には変化していた。旅のゴールを迎える日。Cをはじめ全員が必死にMTBをこいでいた。Cは自分の力を余すことなく走りきった様子。プログラムの最後でようやくグループがまとまる。皆でゴールできた喜びを分かち合っていた（第16日）。

最後の夜の振り返りは，自分の気持ちを皆が率直に言葉にした。リーダー役であるEがみんなの意見を引き出し，みんなが語った。キャンプカウンセラーは，クライエントたちの語りを，じっと見守るように聴き入っていた。それぞれが抱えていたキャンプ中の不満などは，器としてのグループに受け止められる話し合いとなった気がした（第17日）。

＃3面接（第18日）

キャンプの旅を終えた翌日に，3回目の面接を行った。キャンプを振り返り「楽しかった」と語る。具体的にたずねると「MTB。疲れるけど自分の力でMTBをこぐのが楽しかった」と答えた。さらに感慨深げに「まぁ，よくここまでこれたなぁ。疲れたなぁ」と語った。その意味をたずねると，

「まぁ，途中でやめようかなぁと思ったこともあった。まぁ，こいでいるときはなかったけど，喧嘩したときにはよく思ってた」と言う。途中で止めなかった理由をたずねると，「まぁ，友だちとうまくやって，ゴールまでがんばって行こうと思っていたから」と語った。キャンプ中の喧嘩の様子からは想像できないほど明るく語る様子が，印象的だった。また，キャンプでの変化について，「すぐカッとしたりするのがあんまりなくなった」と語り，「自分でわかる」とのこと。最後に「自分が良く変わったいいキャンプだと思う。まぁ，すぐにカッとならずにみんなで仲良くやってゆきたい」と締めくくった。〔LMT実施：**図9-2**〕

図9－2（キャンプ直後）

＃4面接（9月○日，フォローアップキャンプ）

面接で近況をたずねると「普通に学校に行って。遊んだり。キャンプ行く前は普通じゃなかった。すぐカッとなって相手を殴ったり，蹴ったりした」〈今はそうでない？〉「はい。相手のからかいについて考え方を変えた。前はからかわれると俺のことをいじめたり馬鹿にしていると思ってキレてた。9月の最初はキレることもあったけど，今は相手のことを殴ったりすることはなくなった」と語る。またキャンプを振り返って「まぁ，行ってよかったと思う。キャンプを通してみんなと一緒に過ごして少しずつ気持ちを変えていって，相手のふざけもからかいもキレないで普通にふざけて過ごせるようになった」と語った。Cの中に相手のからかいなどを受け止める心の器ができたことを感じさせる語りのように思われた。また，１ヵ月あまりの間に身体が大きくなり体格の成長が見て取れた。終始，平穏な学校生活の様子が語られた。「今は，喧嘩することなく友だちと仲良くしている。俺が態度を変えたから」との語りからは，自分次第で周りも変わることを知ったように思われた。〔LMT実施：**図9-3**〕

図9-3（1ヵ月後）

3　考察

(1) 攻撃性を抱える「受容的な環境」

Cは「相手がちょっかいをだしてからかってくる」と語る通り，調子のいい態度や真に受ける柔軟性に欠ける性格，そして小柄な体格はからかいの対象となりやすかったと思われる。Cは，同年代同性に比べて体格的，情緒的にやや幼く，他者のからかいなどを受け止めるには未成熟であったように思われる。学校での頻繁な攻撃性の表出は自らを守る手段であったと考えられよう。

Cは，キャンプ中も怒りや攻撃性を表出したが，学校場面におけるそれとは質も量も異なっていたと思われる。キャンプ中の会話で「キャンプがとても自由に感じる」と言い「学校の先生は100倍厳しい」（＃２面接）と語ったように，キャンプの自由な雰囲気やキャンプカウンセラーの受容的な態度は無用な怒りを表出させずに済んだものと思われる。

またCが攻撃性を表出した時のキャンプカウンセラーの対応が適切であったと考えられる。ある意味で，Cの攻撃性は，本人にとって正当なものであり（本人の中ではからかわれたからなど理由がある），例えば単に「悪いことである」と叱るような処し方では，問題を増幅させる恐れがあった。したがってキャンプカウンセラーは，Cの攻撃性を正当な怒りとして受容的に対応した。６日目夜のGとの喧嘩での対応は，Cをなんら咎めず，怒りを示すCの身体を２時間余り全力で抱きかかえていた。その後，キャンプカウンセラーの腕の中で眠ってしまった。おそらくCは初めて自分の怒りを真剣に人に受け止められる体験をしたのではないだろうか。学校では厳しく叱られることはあっても，攻撃性を抱えるような母性的な強い守りの体験をすることはなかったであろう。キャンプは，Cの攻撃性を抱える器となり，キャンプカウンセラーとの関係性はその基盤として機能したと考えられる。

（2）身体運動を通じた自己意識の変化と創造的エネルギーへの転換

Cにとってキャンプの身体運動は大きな意味をもっていた。例えば，MTBやH山登山，あるいはグループ内での格闘のごとき切り結びがCの変化に影響したと思われる。ここでは，いくつかの体験からその意味について考えてみたい。Cは「楽しみにしているのはMTB」（＃１面接）と言うとおり，それは最も好きな活動だった。グループで走る時，走力が劣るため遅れることがしばしばだったが，グループに必死についてゆこうとする姿には，迷惑をかけないようにという気持ちが表れていた。また，個人走などで「悪魔と天使が会話していた。闘っていた」（第７日）と葛藤しながらもやり遂げるところに，Ｃの意志の強さが表れていた。喧嘩にまつわるエピソードもあるが，活動に没頭している時のＣはとても真摯でむしろ好感がもたれた。それはロッククライミングなども同様であった。活動中のパフォーマンスには，肯定的なＣらしさがよく表現されていた。

Ｈ山登山は，MTB同様に必死に歩くものの，身体的，精神的な限界となり下山を余儀なくされてしまった。８合目の山小屋で疲労からザックを背負ったまま眠っていた姿は，身体の限界ぎりぎりまで頑張ったことを示していた。下山時は交わす言葉もほとんどなくそのショックの大きさが伝わった。この時は，自分の力を超えるものの存在を認めざるを得なかったのではないだろうか。Ｃのこのような身体を通した世界とのかかわりは，これまでのＣの自己意識，あるいは，世界認識さえも変えるような体験となったのではないだろうか。

ところで，ストー（1979）は，人間の攻撃性を２つに区別しており，１つは「破壊的敵意としての攻撃性」であり，もう１つは「積極的努力としての攻撃性」である。本キャンプのような身体的に限界に迫るような挑戦的，あるいは克服的な身体運動体験は，積極的努力としての攻撃性を発揮せざるを得ない体験であろう。すなわちＣは身体運動に没頭する中で，自己の破壊的エネルギーを積極的な努力としてのエネルギーへと転換させていったものと思われる。Ｈ山登山では途中でエネルギーが枯渇してしまったが，キャンプの多くの活動体験は，身体に建設的あるいは創造的なエネルギーの流れを導く体験として大きな意味をもっていたと考えられる。

(3) 社会的なスキルを身につける「場」としてのグループ

Cの変容にはキャンプの「グループ」の存在も欠かせなかったと思われる。このようなキャンプの特色の1つは，グループアプローチとしての機能であろう。特に毎夜行われていた振り返りなどの「シェアリング」の意味は大きいと考えられる。それはグループ内で，ある個人が語ることが，他者あるいはグループに影響し相互に社会的スキルを身につけることを可能にするからであろう。

このグループの振り返りでは，Cの課題であった攻撃性やグループの対人関係に関する事柄は，キャンプの前期では話題とならなかった。毎夜キャンプカウンセラーと共に，比較的自由な雰囲気の中で振り返りが行われていたが，そのような場であってもCは（Cだけでなく誰もが），個人やグループへの否定的な感情は言葉にしなかった（できなかった）。語られた内容は，ほとんどがクライエントたちにとってその時に最も語り易い身体活動体験に関するうわべの感想だった。Cも含め誰もが自分の感情を自己開示できる語りができたのは，キャンプの中期から後期になってからであった。これは一般的なグループのプロセスとすればやや遅いようにも思われた。その要因の1つとして，活動中にCはDやGと喧嘩し，諍いをすることが多々あったが，その場では態度で表現されることが多く，振り返り時にグループ内で語られることが少なかったことが考えられる。ヤーロム（1997）は，グループの治療的要素として，「感情表出の仕方を学ぶこと，とりわけグループの中で自分の感情を表出しても大丈夫であることを体験的に学ぶことである」と述べグループ内で社会的スキルを学ぶことの意義を述べている。グループの展開はやや遅かったが，キャンプ終盤になってCを含めこのグループが，振り返りという枠組みの中に感情を込めた本音の言葉で語り合う体験ができたことは，グループの進展と同時に個人の成長にも役立ったと推察される。

（4）LMTの変化が意味するもの

最初に描かれたLMT（**図9-1**）は，田と太陽を除く山などのアイテムの多くが用紙の下方に押しやられるように配置されており，Cの他者からの圧迫感を連想させるような構図である。また，山の麓や山中に多くのアイテムが描かれていることは，窮屈に自己を守っている様子が想像された。花は，花弁のみが描かれ花を支える葉や茎がなく不完全でどこかC自身と重なるようにも思われた。

キャンプ直後のLMT（**図9-2**）では，Cの新しい認識の広がりを示すように感じられた。**図9-1**で自己を防衛するかのように描かれていた山が後方に描かれ奥行きも生じ，道や川も左右に両端をつなげるように描かれている。心にゆとりが生じた変化を感じさせるような構成に思われる。花は木の中に描かれ，なんとか花を咲かせる土台ができたようにも思われた。また，雨が降っているものの，後方から太陽が出てきており，変化の兆しを連想させるものである。

1ヵ月後に描かれたLMT（**図9-3**）は，**図9-2**よりもさらに構成空間に広がりがあるものとなった。視点も鳥瞰図的になり上方からみている。客観的に物事をみる自我機能の発展を連想させるものである。また，からかいなどを受け入れるゆとりのある心の器の広がりを示しているようにも推察された。

道は途切れているものの，川と交差し橋が架かった。さらに，右へ伸びる道には，速度制限の異なる道（川の左が40km/hで右が30km/hと50km/h）が2つに別れ描かれていることも興味深い。スピードの調節がなかった攻撃性のエネルギーを自分でコントロールすることができるようになったことを連想させる。空にかかった虹は，**図9-2**からのつながりであろうか。荒天から晴天への変化は，キャンプによって，日常の荒れていた状況から，自己を自制し落ち着いて物事に対処できるようになった自己の成長を象徴的に表現しているように思われた。

4　実践への展開

第Ⅲ部（第7～9章）では発達障碍児3名の事例からキャンプセラピーにおける各々の変化について検討した。3名の体験はそれぞれ異なるが，いずれもキャンプセラピーが自己の形成に寄与していたことが事例から理解されたと言えよう。一方で，自己形成に関して発達障碍児の体験に共通する一般的な特徴も認められた。以下では，キャンプセラピーが3名の発達障碍児の自己形成にどのように影響したかについてまとめておきたい。

(1) 発達障碍児の自己の変化を促す環境

発達障碍児が，キャンプセラピーにおいて自己を育んでゆくために，キャンプカウンセラーやスタッフが，第1になすべきことは，受容的で共感的な環境を整えることであったと思われる。キャンプカウンセラーの受容的な態度によって，発達障碍児が被受容感を感じられることが，キャンプセラピーの枠組みに収まり，グループに適応し，さまざまな活動に積極的に関わってゆくための契機になっていたと考えられるからである。第5章において，自己概念向上のためには，被受容感が得られることの重要性が明らかになったが，このことは，事例研究においても同様に例証されたと言える。Aは，場面緘黙ということから，グループ内で話すことがままならなかったが，キャンプカウンセラーによって守られながらグループに適応していった。BとCにおいても，グループ内で諍いやもめごとを起こすものの，彼らもキャンプカウンセラーの受容的な関わりによって，グループから脱落せずにさまざまな活動を遂行することによって自己が変化してゆくことが可能になったと思われる。発達障碍児の自己形成を促進する基盤として，受容的な環境は必須であったと考えられる。

(2) 自己の常同性傾向を変えること

発達障碍児の特性として，自己の常同性（こだわり）行動がしばしば現れることが知られている。このような常同性行動は，特定の行動や対象に，非常に強い執着を見せるだけではなく，それが変化することを異常に嫌ったり，気に入った行動を繰り返したりすることが起こりやすくなる。強制的に止めさせようとしたり叱責したりしても，本人はなかなかコントロールできずに，失敗体験となりかえってストレス体験となることもあり得る。したがって，発達障碍児がみずから常同性行動を止めることや受け入れることは，きわめて大きな変化と言える。Aは，自分にとって大切な長く伸ばしていた手足の爪を，ある意味，身を切る思いで切り落とした。自分のやりたい活動のために，いったん（一時的であれ）その常同性傾向，すなわち，こだわりを変えざるを得なかった。また，Bは，いつも自分が１番になりたいという気持ちが強固であったが，トレイルを歩く中で人に譲ることを学んだ。Cでは，自分の主張を通そうとするばかりでなく，他者の主張を受け入れることができるようになった。彼らの自己の変化の壁となっていたのは，譲りがたい自己の常同性であった。そうであるにもかかわらず，各々の常同性行動をひとまず横において，いったんであれ自制し我慢することができた体験は，発達障碍児の自己形成においてきわめて大きい意味があったと思われる。キャンプセラピーでは，発達障碍児の常同性を崩すようなエピソードがしばしば起こる。

(3)「個」としての自己から「社会化」する自己へ

いずれの事例においても，グループでの自己のあり方は，グループ内で「個としての自己」から，「社会的な自己」に変化したことが認められた。Aのように自分の存在基盤が脆弱な発達障碍児の場合では，「個」で居られることが保証されることによって，集団の一員になることが可能になったと思われる。Aは，「グループにあって個」の感覚から「グループとしての個」の感覚を得るまでになり，わずかではあったが，人前で話すことができるようになった。他方，B，Cのように自己中心性が強く，キャンプ中に集団からはみ出すような行動がしばしば見られるような事例の場合は，カウンセラーが心理的な脱落に気を配りながら受容的に接することによって，徐々に集団の枠組みにおさまるようになっていったと思われる。Bは，振り返りでの他者の厳しい意見やそれに対するやり取りや，あるいは自分の得意な食事作りで他者から賞賛を受けることを通じて，自分のグループ内の他者が，「リアルな他者」として存在するようになった。また，Cは，自分に対する批判を，距離をとって聞くことができるようになり，すぐにカッとなって怒るのではなく，相手を受け入れることができ，話し合いを継続できるようになったと言える。このようにそれぞれが自己の社会化を成し得たと思われる。そのあり方は異なるものの，さまざまなグループ活動の場面において，関係参加行動や関係向上行動などの社会的スキルを用いて，社会化が進展したことが推察される。このようなことから，キャンプカウンセリングにおいては，クライエントがグループという器（枠組み）におさまり，そこで相互作用が生じるような視点をもつことが重要であろう。

(4) 身体運動による自己概念の変化

発達障碍児の自己概念は，２週間から３週間という短い期間ではあるが，キャンプセラピーの身体運動を契機として肯定的に変化したと言える。毎日MTBをこぐ，あるいは山を縦走することによって，発達障碍児の身体能力や運動能力が改善された。いずれの事例も日常生活では，ほとんど運動をしていないため，キャンプセラピーの前半では，グループの他のメンバーについてゆくことに苦労していた。AやBは，MTBあるいは，登山でついてゆくことがままならなかった。Cは，登山を途中で断念することになってしまった。しかしながら，クライエントたちは，日を追うごとに身体的に適応し，自信をつけてゆくことが，外見の変化（Bはかなり痩せた）や「体力がついた」などの語りから理解された。また，BやCは，身体運動を通じて破壊的で衝動的な攻撃性を，建設的で創造的なエネルギーへと変化させていったが，これらは自己概念の変化に大きく寄与していたと推察される。挑戦的，克服的な冒険プログラムは，発達障碍児が自分の身体に目を向ける契機となり，身体的な自信や自己受容を向上させ，全般的な自己概念の変化にも影響したと思われる。キャンプセラピーの冒険プログラムは，身体を通して自己を育む上で有意義であると考えられる。

(5) 主体的自己の形成

河合（2010）は，発達障碍児の特徴として「主体性の欠如」を指摘している。主体性の欠如とは，平易に言えば「自分のなさ」「自意識のなさ」と言える。Aであれば，集団の意向に沿うだけになってしまうことと言えるし，BやCであれば，内省の欠如や自己責任性の弱さと言えるであろう。畑中（2010）は，発達障碍児の世界はそのあり方が変わることがあっても，それ自体がすっきり解消されるものではなく，ある時に主体が立ち上がり，それがいかに感動を呼んだとしても，ふと気づけばまた元通りに戻っていると述べ，発達障碍の世界にいながらにして主体の成立の契機に開かれることが心理療法の目標になるのではないだろうかと論じている。確かにその通りであると思われ，クライエントに主体性が形成され肯定的な変化が認められたと思っても，その後，発達障碍児の否定的な特徴がきれいさっぱり消失してしまうということは考えにくい。

しかしながら，キャンプセラピーにおいてMTBをこぎながら，山を歩きながら，さまざまなエピソードが起こり，そしてそれについてグループでの振り返り（話し合い）をすることで，発達障碍児の主体性が形成される瞬間を垣間見ることがしばしばあった。活動の中で，自己責任を引き受けなければならなくなったり，自然による帰結（natural consequence）の体験をしたりする時に発達障碍児が主体的になることが認められた。発達障碍児のキャンプセラピーでは，このようなことが，プログラムの中でおのずから生じることが多いように思われ，クライエント自身が原因となって引き起こした体験（トラブル）が多いだけに，その影響力は大きいように思われる。例えば，Aの体験で言えば，沢登りで人に手をかすことを忘れ，大きな声でキャンプカウンセラーに怒鳴られ，自ら手を差しのべることで人を助けられることに気がついたことであったり，Bで言えば，ピカピカに鍋を磨きシェフと呼ばれ，自らの肯定的な価値を感じることであったり，Cでは，H山の登山の際に自らの力だけではどうにもならない世界があることに気づき，そのことによって自分で下山することを決断したことであったと考えられる。このような体験は，従来の室内で行われる心理療法では生じない治療的なプロセスである。キャンプセラピーでは，主体的自己が立ち上がるような体験のチャンスが幾度となく生じることが特徴でありそのような機会が効果につながることを知っておくことが重要である。

第 10 章

キャンプセラピー実践の課題

1　キャンプカウンセリングの基本的姿勢

現在，発達障碍児の支援は，療育やSST，TEACCHなどの効率的で構造化を中心にした，計画的な支援のあり方が多いように思われる。このことを否定するつもりはないが，平井（2016）は，発達障碍児へのカウンセリングアプローチとは，「間主観的／相互主体的なやり取りの中に子どもを誘い，仲良くなることによって『人間の仲間』になっていくことを手助けすることである」と述べている。つまり，発達障碍児との関係性を醸成し，受容感を形成しながら，自己を育むことを支援するあり方を提唱している。本書では，このことをキャンプセラピーを実践し，統計的研究と質的（事例）研究によって明らかにした。

キャンプセラピーで行われていることは，平易に言えば，自然環境の中で，発達障碍児が仲間と協力して，また意見の対立から口論をし，時には取っ組み合うような諍いをして課題を乗り越え，自己を形成してゆくことを支援していると言える。それは発達障碍児が自己中心的な自己から，社会的スキルを学ぶなど，キャンプ集団への社会化が促進され，社会化した自己を形成してゆくことと思われる。そしてこれは二律背反的であるが，社会化した自己を得ることによって，自他の境界，すなわち「私」と「あなた」が形成されることに他ならず，そのこと（「私」ができること）が自己概念（客体的自己）や自我機能（主体的自己）に影響をもたらすものと思われる。

2　キャンプカウンセラーの課題

これまでに本書で得られた知見から，以下のことを実践現場での課題としてあげることができる。

(1) 受容的に接することの難しさを自覚し自己を守る

第Ⅲ部統計的研究において，共分散構造分析を行った結果として，発達障碍児の自己概念の向上の機序と定型発達児の自己概念の向上の機序は異なることが明らかに示された。発達障碍児は，自己肯定意識（自己概念）の対自己領域の場合は，被受容感が高まることで向上した。対他者領域の場合は，被受容感が向上し，さらに社会的スキルが向上することで，高まることが明らかになった。すなわち，発達障碍児の自己概念を高めるためには，被受容感を高めることが必要な条件であることが明らかになった。

一方，定型発達児は，被受容感を向上させることよりは，社会的スキルを高めることによって自己概念が高くなることが明らかになった。これは，本研究における新規性のある知見と言える。したがって，発達障碍児には，すぐにキャンプのグループに適応し，社会的にふるまうように強く指導をすることは，適切ではないであろうと思われる。しばらくは，発達障碍児個人を受容する姿勢が基本となる。発達障碍児とキャンプカウンセラーの「受容的な関係性」を基盤にしてキャンププログラムが行われることが成果につながると言える。

しかしこのことは，案外難しいことでもある。発達障碍児の示す言動や逸脱行為は問題点が多く，受容することが大事であるとわかっていてもなかなかできないことが多いからである。キャンプカウンセラーが未熟である場合，発達障碍児（発達障碍児に限らず問題児）のままならない行動に巻き込まれて，否定的な感情を引き出されてしまうことが多い。本書で取り上げたいずれの事例も，問題，課題を示しキャンプカウンセラーの否定的な感情を少なからず引き出していたと言える。キャンプカウンセラーは，このような感情に意識的であることが求められる。したがって，カウンセリングの枠組み（時間や場所）を作ることによって自分自身を守ることが必要である。また，「受容すること」とは，指導者が参加者の行為や言動をその場では，受け入れることであるが，その言動や行為が正しいことであるという価値観を受け入れることではない(32)ので，このことに自覚的であることが求められる。

(2) 個人と集団の両方に目を配る

統合型のキャンプセラピーでは，発達障碍児と定型発達児は同じグループに所属するため，両者に対する指導が異なり，特にキャンプセラピー前半は，両群に同様な関わり方をすることは，なかなか困難なことである。一方，キャンプセラピーは，グループでの活動である。したがって活動中は，キャンプカウンセラーはどうしてもグループ全体の様子や雰囲気に視点が向きがちになる。しかしながら，発達障碍児だけでなく他の参加者も含め，１人１人を大切にする視点を忘れてはならないと思われる。グループは，とても大きな力動（group dynamics）を持っている。この力動は，よい方向へ作用することもあれば，時には負の方向へ作用することもある。

キャンプでは「全員で決めたことだから」「みんながしているから」といった気持ちからグループ行動をすることが少なくない。場面緘黙のＡの事例では，振り返りの時に，皆の前で話すことを強いられる場面がしばしばあ

(32) 学校に行きたくない生徒への対応として，学校に行きたくないことは受容するが，それは，学校に行かなくてよいという価値観を受け入れることではない。

った。キャンプカウンセラーも，このようなグループの方針に流されてしまうことが多い。しかし，このようなときでも，自分の目の前の発達障碍児個人あるいは，他のキャンパー（参加者）個人にとって，日々起こる出来事（エピソード）がどんな意味を持つのかということを考えておかなければならない。参加者たちは，さまざまな個性あるいは価値観をもっている。人前で話すことが苦手な参加者もいれば，おしゃべりな参加者もいる。体力が強い参加者もいれば，弱い参加者もいる。それぞれみんな違っており個別な存在である。参加者が「グループにあって個でいられる」「グループの中で隠れることができる」ことを許容し，配慮しなければならない。そのことによって，少しずつ集団への社会化を果たしてゆくと思われる。

(3) 自然の中で起こる問題をグループが主体的に解決するよう見守る

キャンプセラピーでは，発達障碍児個人の症状や問題に焦点を当ててそれを改善するよりは，プログラムのあらゆる場面で自然に生じてくるできごとに対応しながら活動を支えるというスタイルが理想である。すなわちそれは，プログラム中のグループのプロセスに添いながら支えるということである。

キャンプセラピーは，グループで活動するので，起こるできごとの多くは，グループ内で生じる。発達障碍児の問題行動は，グループ内の他の子どもたちとの間で起こることがほとんどである。ある発達障碍児（第6章事例2：Case12）は，自然食主義を自任しカップ麺を食べることができないと主張し，グループ内の仲間ともめることがあった。しかしながら，昼食時にキャンプカウンセラーが黙ってみていると（他の食べ物も用意していたが），食べるものがそれしかないために，カップ麺を初めて食べたのである。

このことの良し悪しは別にして，キャンプカウンセラーは，何か問題が起こった時には，すぐに，その問題を解決しようとしたり，助言をしたりすることはせずに，自然による帰結（natural consequence）や集団の力動（group dynamics）を活用しながらグループの主体的な行動を見守りながら，必要に応じて対応することが大切である。

キャンプセラピーでは，確かに，さまざまなできごとのきっかけを作るのは発達障碍児や問題児が多い。時には，長時間口論となることもある。しかし，そのできごとに巻き込まれる他の参加者が自分の課題と向き合う機会になることもある。

浅田・平松（2007）は，グループにおけるトラブルという現象は，個々人を巻き込むだけの高いエネルギーを持ち，それによってメンバー自身のテーマと向きあう機会となる可能性を秘めていると述べている。ある参加者にとっては，別の参加者とのできごとを通じて自分自身を内省することになることもある。これは当然，参加者相互にとってもなんらかの内省あるいは変化が生じる契機となり，このようなことが自己の課題（例えば，先述の事例で言えば自然食主義という常同性）を崩すことにつながることもある。キャンプカウンセラーは，なにか起こった問題にすぐに介入するのではなく，グループ内の個々人の変化が生じてくることを見極めながら活動を支援してゆくことが大切であるように思われる。

(4) 参加者と共体験することが自己概念を支える

キャンプセラピーでは，ほぼ毎日，MTBや登山などの身体運動を行う。第Ⅲ部で紹介した3つの事例では，Aは「待って」という言葉も言えずグループを追いかけるようにMTBをこいでいた。事例Bは，キャンプ前半は，ほとんどグループから遅れ，トレイルで最後尾を歩いていた。事例Cでは，高所登山の途中で断念し，登頂することができなかった。3つの事例では，いずれもグループについてゆくことができない状況が生じていた。通常このような状況では，自信や意欲を失い，自己概念が低下してしまうということが起こりかねない。これは，発達障碍児だけでなく，定型発達児においても起こりうる。しかしながら，いずれもそのようにはならなかった。

このような自己概念の低下をまねかないために，キャンプセラピーでは，キャンプカウンセラーが参加者の前を行く（歩く）ことをせずに，最後尾の参加者の辛さに共体験しグループ内の１人として守ることによって，自信の喪失や劣等感等が生じることを防ぎ，参加者を支える態度を重視している。

実は，このような共体験は，参加者よりも体力に自信があり，比較的気の短いキャンプカウンセラーほど苦手な場合が多い。それはキャンプカウンセラーが，弱い参加者から一定の距離をとって後ろから付いて，同じペースで歩くことは幾分難しいことだからである。つい遅れて歩いている参加者に，そばから過剰に励ましたり，声をかけたりすることがある。ひどい場合には，感情的になり遅れている参加者の前からリードするような行動（おせっかい）をしてしまうこともある。これでは，参加者を支えるばかりか，不信感や傷つき，弱者になった気持ちを助長しかねない。このような場合には，キャンプカウンセラーは「自分はなぜ不快な感情が生じているのか」「なぜ自分が共体験できないか」ということを内省してみる必要がある。このような意識的な態度が共体験につながり，参加者の自己概念を支える存在になることができると思われる。

（5）自然がもつ意味の「多義性」を考える

自然の意味については，第２章２－(2)でも述べたが，いま一度，説明しておきたい。キャンプカウンセラーは，キャンプカウンセリングを行う上で自然が持つ意味の「多義性」について深く考える必要がある。自然環境に関する気候，気象，動植物，地形などの知識は重要であるが，それだけでは十分ではないだろう。自然環境は単に自然科学の対象として理解するだけではなく，クライエントにとって「固有な存在」として理解する必要がある。

なぜなら，自然は人間の本性や心理，社会文化的な環境と密接に関わっており，個人の経験や信念によっても異なる意味を持つからである。キャンプセラピーの本書の事例でも，自然が持つ意味は大きく異なっていることが示された。キャンプカウンセラーは，自然を物理的な世界や自然界とのつながりだけでなく，クライエントの「心と身体を含めた全体性」に関わるものとして捉える必要がある。クライエントにとって自然は，「守りの器としての存在」や「超越的な存在」，「挑戦を求める場所」，「平穏をもたらす場所」など，さまざまな意味を持つ可能性がある。

クライエントにとっての自然の意味を考慮することは，クライエントの変化や成長を促すために重要である。自然がクライエントにとって変化の契機となり得ることがあるからである。自然がクライエントの気づきや心の癒し，自己超越や挑戦の場となることで，クライエントの自己成長や変容が促進されると言える。

キャンプカウンセラーは，クライエントの個別の背景やニーズに応じて自然の意味を探求し，そのクライエントにとって有益な形で自然を活用することが求められる。自然の意味を深く理解し，クライエントとの対話や活動を通じて自然の力を最大限に引き出すことで，キャンプセラピーの効果や成果を向上させることができる。

引用・参考文献

Achenbach, T. M., and Edelbrock, C. S. (1981) Behavioral problems and competencies reported by parents of normal and disturbed children aged four through sixteen. Monographs for the Society for Research and Child Development, 46(1): 1-82.

赤木和重(2006) 思春期をむかえた発達障害児における自己の発達と障害．思春期の自己形成——将来への不安の中で．ゆまに書房：pp.235-259.

Allen, J. S. (1991) The effects of a wilderness therapy program on changes in self-esteem and teacher-rated behavior of youth at risk. Unpublished doctoral dissertation, California School of Professional Psychology.

アメリカ精神医学会編：高橋三郎，大野裕監訳(2014) DSM-5 精神疾患の診断・統計マニュアル，医学書院．[American Psychiatric Association: (2013) Diagnostic and Statistical Manual of Mental Disorders. Fifth edition: DSM-5.]

兄井彰，須﨑康臣(2019) キャンプ体験が小学生と中学生の自尊感情と社会的スキルに及ぼす影響．福岡教育大学紀要，第5分冊，芸術・保健体育・家政科編，福岡教育大学編, 68：17-23.

青木康太朗，永吉宏英(2003) 長期キャンプ体験による参加者の社会的スキルの変容に関する研究——参加者の特性による変容過程の違いに着目して．野外教育研究, 6(2)：23-34.

荒木恵理，岡村泰斗，濱谷弘志(2007) 冒険キャンプにおけるふりかえり活動が参加者の学習効果に及ぼす影響．野外教育研究, 11(1)：37-50.

Arthur, M. (1976) The survival experience as therapy: An appraisal. Therapeutic Recreation Journal, 3(3): 3-10.

浅田剛正，平松朋子(2007) 集団活動における心理臨床的視点について．心理臨床における個と集団，創元社：pp.226-236.

Bandoroff, S. (1989) Wilderness therapy for delinquent and pre-delinquent youth: A review of the literature. University of South Carolina, Columbia, SC.

Bandoroff, S. (1992) Wilderness family therapy: An innovative treatment approach for problem youth. Doctoral dissertation, University of South Carolina, University Microfilms 9239010.

Bernstein, S. (1973) The relationship of antecedent variables and process variables to differential outcome in a stress-challenge program. Unpublished doctoral dissertation, Southern Illinois University.

Berman, D. S., and Anton, M. T. (1988) A wilderness therapy program as an alternative to adolescent psychiatric hospitalization. Residential Treatment for Children and Youth, 5：39-52.

Berman, D. J., and Berman, D. S. (1989) The wilderness therapy program: An empirical study of its effects with adolescents in an outpatient setting. Journal of Contemporary Psychotherapy, 19(4): 271-281.

Berman, D. J., and Berman, D. S. (1994) Wilderness therapy: Foundations, theory and research. Dubuque. Iowa: Kendall/Hunt Publishing Company.

Bettmann, J. E., Gillis, H. L., Speelman, E. A., Parry, K. J., and Case, J. M. (2016) A meta-analysis of wilderness therapy outcomes for private pay clients. Journal of Child and Family Studies, 25(9): 2659-2673.

Boudette, R. D.（1989）The effects of Outward Bound with juvenile offenders. Doctoral dissertation, California School of Professional Psychology at Berkeley/Alameda, University Microfilms 8926357.

ブーバー：野口啓祐(2021) 我と汝．講談社学術文庫．[Martin, Buber: Walter K.（1970 ）I and Thou. Scribner.]

Callahan, R. C.（1989）Academic and therapeutic potential of the Sierra II process: An evaluation of an adapted Outward Bound diversion program for adjudicated juvenile delinquents. Unpublished doctoral dissertation, Old Dominion University.

Caplan, R. B.（1974）Early forms of camping in America mental hospitals. In Lowry, T. P., Camping Therapy, IL, Charles C Thomas.

Capps, L. Sigman, M., and Yirmiya, N.（1995）Self-competence and emotional understanding in high-functioning children with autism. Development and Psychopathology, 7：137-149.

Cohen, J.（1988）Statistical power analysis for the behavioral sciences. Lawrence Erlbaum Associates, Publishers.

Combs, K. M., Hoag, M. J., Javorski, S., and Roberts, S. D.（2016）Adolescent self assessment of an outdoor behavioral health program: Longitudinal outcomes and trajectories of change. Journal of Child and Family Studies, 25(11)：3322-3330.

Crisp, S. J. R.（1998）International models of best practice in wilderness and adventure therapy. C. Itin（Ed.）, Exploring the boundaries of adventure therapy: international perspectives, Association for Experiential Education: pp.56-74.

Damon, W., and Hart, D.（1982）The development of self-understanding from infancy through adolescence. Child Development, 53(４)：841-864.

Dinitz, D., and Pfau-Vincent, B. A.（1982）Self-concept and juvenile delinquency: An update. Youth and Society, 14(２).

エリクソン：仁科弥生訳(1977) 幼児期と社会．みすず書房．[Erikson, E. H.（1950）Childhood and society. W. W. Norton & Co.]

遠藤純代(1990) 友達関係．無藤隆・高橋惠子・田島信元編，発達心理学入門Ｉ　乳児・幼児・児童，東京大学出版会．

榎本博明(1998)「自己」の心理学――自分探しへの誘い．サイエンス社．

Ewert, A. W.（1989）Outdoor Adventure Pursuits: Foundations, Models and Theories. Human kinetics.

Fitts, W. H., and Hamner, W. T.（1969）The self-concept and delinquency. Studies on the Self Concept, Research Monograph No. 1, Nashville Mental Health Center.

Flavin, M.（1996）Kurt Hahn's school and legacy. The Middle Atlantic Press.

Freedman, E. B.（1996）The effects of a therapeutic wilderness experience for emotionally disturbed adolescents. Unpublished doctoral dissertation: California School of Professional Psychology.

Friese, G. T.（1996）An inventory and classification of wilderness experience programs. Unpublished thesis, University of Idaho.

福原和美(2003) 阿蘇コスモスキャンプの効果――アスペルガー症候群・高機能自閉症児のキャンプにおける効果と評価における一考察．長崎純心福祉文化研究，１：89-95.

福武勝幸(1999) 総合健診における精度管理――基準値・カットオフ値の考え方．日本総合健診医学会，26(４)：406-409.

Gaar, L. A.（1981）Interpersonal interaction in youth offenders during a therapeutic wilderness experience: A social learning perspective. Unpublished doctoral dissertation, Emory

University.
Gass, M. (1993) Adventure therapy: Therapeutic applications of adventure programming. Kendall/Hunt Publishing.
Gass, M. A., Gillis, L. H., and Russell, K. (2012) Adventure therapy: Theory research and practice(1st ed). Routledge Press.
Gass, M. A. (2019) Insurance coverage for wilderness therapy – May 2019 update. Retrieved from https://obhcouncil.com/insurance-coverage-wilderness-therapy -2019-update/ (2021.3.3.参照)
Gass, M. A. Gillis, L. H., and Russell, K. (2020) Adventure therapy: Theory, research and practice (2nd ed). Routledge Press.
Gaston, D. K. W. (1978) An evaluation of the Connecticut Wilderness School: A wilderness challenge program for pre-delinquent and delinquent teenagers. Unpublished doctoral dissertation, University of Connecticut.
Gibson, P. M. (1981) The effects of, and the correlates of success in, a wilderness therapy program for problem youth. Unpublished doctoral dissertation, Columbia University.
Gillis, H. L., and Bonney, W. C. (1986) Group counseling with couples or families: Adding adventure activities. Journal for Specialist in Group Work, 11(4): 213-220.
Gillis, H. L., Speelman, E., Linville, N., Bailey, E., Kalle, A., Oglesbee, N., Sandlin, J. Thompson, L., and Jensenet, J. (2016) Meta-analysis of treatment outcomes measured by the Y-OQ and Y-OQ SR comparing wilderness and non-wilderness treatment programs. Child and Youth Care Forum, 45(6): 851–863.
Gresham, F. M. (1986) Conceptual and definition a issues in the assessment of children's social skills: Implications for classification and training. Journal of Clinical Child Psychology, 15: 16-25.
畑中千紘(2010) ドラえもんからみる発達障害――主体なき世界に生まれる主体．発達障害への心理療法的アプローチ，創元社：pp.155-179.
Henderson, J. T. (1988) The effect of wilderness recreation therapy program on the self-concept of troubled adolescents. Unpublished doctoral dissertation, University of New Mexico.
Hileman, M. A. (1979) An evaluation of an environmental stress-challenge program on the social attitudes and recidivism behavior of male delinquent youth. Unpublished thesis, Southern Illinois University.
平井正三(2016) 自閉症中核群への精神分析的アプローチ．精神分析から見た成人の自閉スペクトラム――中核群から多様な拡がりへ，誠信書房：pp.2-19.
平石賢二(1990) 青年期における自己意識の発達に関する研究(I)――自己肯定性次元と自己安定性次元の検討．名古屋大學教育學部紀要, 37：217-234
Hoag, M. J., Combs, K. M., Roberts, S. D., Logan, P. (2016) What else changes in wilderness therapy: Moving beyond outcome. Journal of Therapeutic Schools and Programs, 8: 46-54.
ホブソン：下孝司監訳(2000) 自閉症と心の発達――「心の理論」を越えて．学苑社．[Hobson, P. (1993) Autism and The Development of Mind, Psychology Press.]
本田秀夫(2017) 自閉スペクトラム症の理解と支援――子どもから大人までの発達障害の臨床経験から．星和書店.
堀出知里(2005) 通年型冒険キャンププログラムが不登校児の心理・社会的変化に及ぼす影響．筑波大学博士論文.
星野仁彦(2011) ひきこもりと発達障害．ひきこもり支援者読本．内閣府：pp.18-41.
Hunter, I. R. (1985) Outdoor rehabilitation: Development of a theoretical rationale. Journal of Leisurability, 12(1): 31-34.

一門惠子，住尾和美，安部博史(2008) 軽度発達障害児・者の自尊感情について ── 自尊感情尺度(SE尺度)および熊大式コンピタンス尺度を用いた検討．九州ルーテル学院大学紀要, 37：1－7.

市川奈緒子，岡本仁美(2018) 発達が気になる子どもの療育・発達支援入門 ── 目の前の子どもから学べる専門家を目指して．金子書房.

飯田稔, 井村仁, 影山義光(1988) 冒険キャンプ参加児童の不安と自己概念の変容．筑波大学体育科学系紀要, 11：79-86.

飯田稔，坂本昭裕，石川国広(1990a) 登校拒否中学生に対する冒険キャンプの効果．筑波大学体育科学系紀要, 13：81-90.

飯田稔，松原達哉，小田晋，沢崎達夫(1990b) 登校拒否児にたいするキャンプ療法の効果に関する実験的研究．マツダ財団研究報告書，3：1－15.

飯田稔，小畠哲，有坂正(1991) 登校拒否中学生のキャンプ集団における社会性と登校状況の変化．筑波大学運動学研究，7：1－7.

飯田稔，中野友博(1992) 登校拒否中学生の不安と自己概念に及ぼすキャンプ療法の効果について．筑波大学運動学研究，8：69-79.

井村仁，小畠哲，諸澄敏之(1990) フロンティア・アドベンチャー経験が参加者の自己概念と集団凝集性に及ぼす影響．筑波大学運動学研究，6：77-85.

石田陽彦(2014) 発達障害の子どもたちに，市の教育委員会とKU-RENKAが連携し，自然キャンプを実施する意味について．社会的信頼学，2：73-79.

岩宮恵子(2004) 思春期をめぐる冒険 ── 心理療法と村上春樹の世界．日本評論社.

James, W. (1890) The principle of psychology. Holt.

皆藤章(1988) 一枚の風景構成法から．山中康裕・斎藤久美子(編)河合隼雄教授還暦記念論文集 臨床的知の探求(下)．創元社：pp.217-232.

皆藤章(1994) 風景構成法 ── その基礎と実践，誠信書房.

梶田叡一(1980) 自己意識の心理学，東京大学出版会.

金井美保子，上村惠津子(2007) 中学生の自己概念・適応感・精神的健康に関する臨床心理学的研究 ── アスペルガー障害の生徒と健常生徒を比較して．信州心理臨床紀要，6：5－14.

Kaplan, L. (1979) Outward Bound: A treatment modality unexplored by the social work Profession. Child Welfare, 48(1): 37-47.

Karver, M. S., Shirk, S., Handelsman, J., Fields, S., Gudmundsen, G., McMakin, D., and Crisp, H. (2008) Relationship processes in youth psychotherapy: Measuring alliance, alliance-building behaviors and client involvement. Journal of Emotional and Behavioral Disorders, 16(1): 15-28.

加藤拓史(2013) 統合型キャンプが不登校児の自己イメージに与える影響 ── 受容感との関連からの検討．平成25年度筑波大学大学院修士論文.

河合隼雄(1992) 心理療法序説，岩波書店.

河合俊雄編(2010) はじめに ── 発達障害と心理療法．発達障害への心理療法的アプローチ，創元社：pp.5-26.

Kelly, F. J., and Baer, D. J. (1969) Jesness Inventory and self-concept measure for delinquents before and after participation in Outward Bound. Psychological Reports, 25: 719-724.

Kimball, R. O. (1979) Wilderness experience program final evaluation report. Santa Fe: State of New Mexico Forensic System, Health and Environmental Department.

木村志穂(2006) 治療キャンプ．心理臨床大辞典改訂第4刷，培風館：pp.425-427.

金彦志，細川徹(2005) 発達障害児における社会的相互作用に関する研究動向 ── 学童期の仲間関係を中心に．東北大学大学院教育学研究科年報, 53(2)：239-251.

岸本寛史，山愛美(2013) 臨床風景構成法 ── 臨床と研究のための見方・入り方．誠信書房.

岸本寛史(2020) がんと心理療法のこころみ――夢・語り・絵を通して．誠信書房.

木谷秀勝(2001) 自閉症児・者への治療教育とサポートシステムに関する一考察――「わかすぎ自閉症キャンプ」の実践から．教育実践総合センター研究紀要, 12：19-28.

小林隆児，村田豊久(1977) 自閉症児療育キャンプの効果に関する一考察．児童精神医学とその近接領域, 18(4)：221-234.

向後佑香，坂本昭裕(2017) わが国のキャンプにおける自己成長性の変容――メタ分析を用いた統合的評価．野外教育研究, 21(1)：16-28.

小島道生(2012) 発達障害児の自己概念と教育．発達障害研究, 34(1)：6-12.

国立オリンピック記念青少年総合センター(1998) 登校拒否等青少年の問題行に関する調査研究報告書.

近藤孝司(2016) 描画法の描画過程における主観的体験の検討――バウム法，S-HTPP 法，風景構成法の描画過程の比較．上越教育大学研究紀要, 35：135-146.

鯨岡峻(2016) 関係の中で人は生きる：「接面」の人間学に向けて．ミネルヴァ書房.

黒田健次，村田正次(1970) 情緒障害児の実態とその予後に関する研究．情緒障害児の家族合同キャンプおよび合宿治療を中心に．臨床心理学研究, 9(3)：155-167.

黒木保博(1994) 社会福祉実践の方法としてのキャンプの意義．大塚達雄，黒木保博編，京都発障害児の統合キャンプ，ミネルヴァ書房：pp.2-14.

ローレンス：平野裕二訳(1999) 学校犯罪と少年非行．日本評論社．［Lawrence, R.(1998) School crime and juvenile justice.］

Loughmiller, C.(1965) Wilderness road, Austin, TX: Hogg Foundation for Mental Health.

Lowry, T. P.(1973) Camping therapy: its uses in psychiatry and rehabilitation. Charles C, Thomas Publisher.

前沢幸喜(1993) 非行少年の自己概念の特質. 矯正研修所紀要, 6：85-95.

Maizell, R. S.(1988) Adventure based counseling as a therapeutic intervention with court involved adolescents. Unpblished doctroral dissertation, Pace University.

真仁田昭，堀内聰(1973) 情緒障害児のキャンプ療法に関する研究．教育相談研究, 13：13-32.

宮脇恭子(1985) 自我発達における小学校中学年の位置づけ――自我体験尺度および風景構成法を通して．京都大学教育学研究科修士論文.

溝上慎一(2008) 自己形成の心理学――他者の森をかけ抜けて自己になる．世界思想社.

文部科学省(2007) 特別支援教育：新着情報等最近の動き．https://www.mext.go.jp/a_menu/shotou/tokubetu/main.htm.(2020.1.13 参照)

文部科学省(2012) 通常の学級に在籍する発達障害の可能性のある特別な教育的支援を必要とする児童生徒に関する調査結果について．https://www.mext.go.jp/a_menu/shotou/tokubetu/material/1328729.htm.(2020.1.13参照)

文部科学省(2015) 不登校児童生徒への支援に関する中間報告．不登校に関する調査研究協力者会議.

Nadler, R. S.(1993) Therapeutic process of change. In M. Gass (Ed.), Adventure therapy: Therapeutic applications of adventure programming. Dubuque, Kendall/Hunt.

中井久夫(1970) 精神分裂病者の精神療法における描画の使用――とくに技法の開発によって作られた知見について．芸術療法, 2：77-90.

中井久夫(1984) 精神分裂病者の言語と絵画．中井久夫著作集第1巻分裂病，岩崎学術出版社：pp.1-15.

中井久夫(1996) 風景構成法．風景構成法その後の発展，岩崎学術出版社：pp.3-26.

中村真樹，小澤永治，飛永佳代，遠矢浩一，針塚進(2008) 多動性・衝動性の高い発達障害児の対人関係の発達を促す臨床心理学的援助に関する研究――プログラムにおける児童の内的体験と他児への意識に関する検討．発達研究, 22：117-126.

中村真樹(2014) 自閉症スペクトラム障害児童を対象とした治療教育に関する考察：療育キャンプを通

した自己の発達支援．純心人文研究, 20：39-52.

中村雄二郎(1992) 臨床の知とは何か．岩波書店：pp.5-12.

National Uniform Billing Committee(2020) https://en.wikipedia.org/wiki/National_Uniform_Billing_Committee(2021.1.13参照)

名和顕子(1971) 自閉症児の療育キャンプ(実践記録) 情緒障害と社会(特集)．教育と医学, 19(10)：61-69.

Neisser, U. (1995) Criteria for an ecological self. The self in infancy: theory and research. Elsevier Science B. V: 17-34.

Newes, S., and Bandoroff, S. (2004) What is adventure therapy? Adventure therapy, Coming of age (pp.1-30), Association of Experiential Education.

日本野外教育研究会編(1989) キャンプテキスト．杏林書院.

西田順一，橋本公雄，徳永幹雄，柳敏晴(2002) 組織キャンプ体験による児童の社会的スキル向上効果．野外教育研究, 5(2)：45-54.

西田充潔(2014) 高機能広汎性発達障害児の思春期・青年期における「自己意識」の発達――顕在的セルフアウェアネスの発達段階に着目した文献的検討．北星学園大学社会福祉学部北星論集, 51：141-149.

Norcross, J. C. (2011) Psychotherapy relationships that work (2nd ed.). Oxford University Press.

Outdoor Behavioral Healthcare Council(2020) https://obhcouncil.com/about/ (2021.5.24.参照).

岡本悟，一山幸子，木村裕子(2009) 自閉症療育キャンプを実施して．社会福祉学科紀要, 6(1)：57-66.

大友あかね，坂本昭裕(2017) 長期キャンプにおける心理的課題を抱える児童生徒の社会適応に関する研究．野外教育研究, 21：29-44.

小塩真司(2014) はじめての共分散構造分析(第2版) Amos によるパス解析．東京書籍.

Parker, J. G., and Asher, S. R. (1987) Peer relations and later personal adjustment: Are low-accepted children at risk? Psychological Bulletin, 102: 357-389.

Partington, J. T. (1977) Project Wild: A wilderness learning experience for high delinquency risk youth. Leisurability, 4(2): 34-41.

Pommier, J. H., and Witt, P. A. (1995) Evaluation of an Outward Bound School for the juvenile status offender. Therapeutic Recreation Journal, 29(2): 86-103.

Porter, W. W. (1975) The developmental and evaluation of a therapeutic wilderness program for problem youth. Unpblished thesis, University of Denver.

Reuters, T. (2020) https://govt.westlaw.com/nycrr/Index?transitionType=Default&contextData=%28sc.Default%29(2021.3.3参照).

ロジャーズ：堀淑昭編纂，小野修訳(1966a) ロジャーズ全集1――問題児の治療，岩崎学術出版社. [Rogers, C. (1957) The complete works of C. R. Rogers 1, Iwasaki Academic Publisher]

ロジャーズ：伊藤博訳(1966b) ロジャーズ全集4――サイコセラピィの過程，岩崎学術出版社. [Rogers, C. (1957) The complete works of C. R. Rogers 4, Iwasaki Academic Publisher]

Rosenberg, M. (1979) Conceiving the self. Basic Books.

Russell, K. C., Hendee, J. C., Phillips-Miller, D. (2000) How Wilderness therapy works: An examination of the wilderness therapy process to treat adolescents with behavioral problems and addictions. USDA Forest Service Proceedings RMRS-P-15-VOL-3: 207-217.

Russell, K. C., and Hendee, J. (2000) Outdoor Behavioral Healthcare: Definitions, common practice, expected outcomes, and a nationwide survey of programs. Technical Report.

Russell, K. C. (2003) An assessment of outcomes in outdoor behavioral healthcare treatment.

Child and Youth Care Forum, 32(6): 355–381.

Russell, K. C., and Farnum, J. (2004) A concurrent model of the wilderness therapy Process. Journal of Adventure Education and Outdoor Learning, 4(1): 39–55.

Russell, K. C. (2005) Two years later: A qualitative assessment of youth well-being and the role of aftercare in outdoor behavioral healthcare treatment. Child and Youth Care Forum, 34: 209–239.

Russell, K. C. (2008) Adolescence substance use treatment: Service delivery research on effectiveness and emerging treatment alternatives. Journal of Groups in Addiction and Recovery, 2(2–4): 68–96.

Russell, K. C., and Gillis, H. L. (2010) Experiential therapy in the mental health treatment of Adolescents. Journal of Therapeutic Schools and Programs, 4(1): 47–79.

Ryan, R. M., Lynch, M. F., Vansteenkiste, M., and Deci, E. L. (2011) Motivation and autonomy in counseling, psychotherapy and behavior change: A look at theory and practice. The Counseling Psychologist, 39: 193–260.

坂本昭裕(2002) アメリカにおける非行少年に対するアウトドア体験療法——心理社会的効果に関する実証的研究の動向と課題. 臨床心理身体運動学研究, 3(1)：15-34.

坂本昭裕(2003) キャンプで変わる子どもたち. 児童心理6月号臨時増刊, 金子書房：pp.61-66.

坂本昭裕(2006) キャンプに参加した場面緘黙の少年の事例. 臨床心理身体運動学研究, 7・8(1)：51-63.

坂本昭裕(2008) 長期キャンプを体験した不登校児の風景構成法の検討——描画の構成型に着目して. 臨床心理身体運動学研究, 10(1)：25-40.

坂本昭裕(2010) からかわれるとカッとなって暴力をふるってしまう中学生男子のキャンプ体験の事例. 臨床心理身体運動学研究, 12(1)：29-40.

坂本昭裕(2016) 情緒面の課題を抱える子どもへのキャンプセラピー. 情動と運動——スポーツとこころ, 朝倉書店：pp.116-134.

坂本昭裕(2018) 心理治療的キャンプにおけるキャンプカウンセラーの仕事. シリーズ心理学と仕事スポーツ心理学, 北大路書房：pp.107-125.

坂本昭裕, 大友あかね, 佐藤冬果, 渡邉仁(2022a) 長期キャンプセラピーにおける発達障碍児の自己概念と自我発達に及ぼす影響. 野外教育研究, 25：1-17

坂本昭裕, 大友あかね, 前川真生子, 吉松梓(2022b) 統合型長期キャンプセラピーが発達障碍児の自己肯定意識と被受容感及び社会的スキルに及ぼす効果とその関連性の検討. 体育学研究, 67：361-377.

佐々木正美(2008) 自閉症児のためのTEACCHハンドブック——改訂新版 自閉症ハンドブック, 学習研究社.

Savidge, D. K. (2020) Adolescents and adults on the autism spectrum enrolled in an Outdoor Behavioral Health program: Outcomes from the Practice Research Network of the National Association of Therapeutic Schools and Programs. Journal of Therapeutic Schools and Programs, 12(1): 70-100.

Schreiber, C. (2009) Effects of a therapeutic outdoor adventure on the social competency of gifted adolescents with Asperger's syndrome or high functioning autism, Athens, GA.

ショプラー：田川元康監訳, 梅永雄二, 新沢伸子, 安倍陽子, 中山清司訳(2003) 自閉症への親の支援——TEACCH入門, 黎明書房. [Schopler, E. ed. (1995) Parent Survival Manual: A Guide to Crisis Resolution in Autism and Related Developmental Disorders, Plenum Press.]

関根章文, 飯田稔(1996) キャンプ経験が児童の自己概念と一般性自己効力に及ぼす影響. 筑波大学体育科学系紀要, 19：85-89.

Seligman, M. E. P. (1975) Helplessness. San Francisco. W. H. Freeman and Co.
嶋田洋徳，戸ヶ崎泰子，岡安孝弘，坂野雄二（1996）児童の社会的スキル獲得による心理的ストレス軽減効果．行動療法研究, 22(2): 9-20.
庄司一子(1994) 児童のself-controlと社会的スキルとの関係．教育相談研究, 32：63-67.
ストー：塚本利明訳(1979) 人間の破壊性，法政大学出版局．［Storr, A. (1972) Human Destructiveness. Bureau des Copyrights Francais.］
杉岡品子(2017) 事例研究の方法．野外教育研究法，杏林書院：pp.173-187.
鈴木真吾(2005) 自尊心と被受容感からみた思春期の適応理解――ストレス反応・本来感との関連．日本パーソナリティ心理学会大会発表論文集, 14：107-108.
高石恭子(1996) 風景構成法における構成型の検討――自我発達との関連から．風景構成法のその後の発展，岩崎学術出版社：pp.239-264.
高石恭子(2020) 自我体験とは何か――私が〈私〉に出会うということ，創元社.
高岡佑壮，藤尾未由希，野中舞子，松田なつみ，下山晴彦(2019) 発達障碍を有する人への臨床心理学的援助の課題――ライフステージを通した支援を目指して．東京大学大学院教育学研究科臨床心理学コース紀要, 35：65-72.
高良聖(2005) グループというテクニック――１グループをはじめる前に．臨床心理学，5(3)：393-399.
竹内靖子，坂本昭裕(2018) 相互成長の場としての発達障害児キャンプ．野外教育研究，22(1)：37-49.
滝川一廣(2004)「こころ」の本質とは何か――統合失調症・自閉症・不登校のふしぎ．ちくま新書.
田中真理，廣澤満之，滝吉美知香，山崎透(2006) 軽度発達障碍児における自己意識の発達――自己への疑問と障害告知の観点から．東北大学大学院教育学部年報, 54(2)：431-443.
田中善大，伊藤大幸，村山恭朗，野田航，中島俊思，浜田恵，片桐正敏，高柳伸哉，辻井正次(2015) 保育所・小中学校におけるASD傾向及びADHD傾向といじめ被害及び加害との関連．発達心理学研究, 26(4)：332-343.
戸ヶ崎泰子，坂野雄二(1997) 母親の養育態度が小学生の社会的スキルと学校適応に及ぼす影響――積極的拒否型の養育態度の観点から．教育心理学研究, 45：173-183.
徳永沙智，稲畑陽子，原田素美礼，境泉洋(2013) シヤイネスと被受容感。被拒絶感が社会的スキルに及ぼす影響. 徳島大学人間科学研究, 21：23-34.
東海林渉，安達知郎，高橋恵子，三船奈緒子(2012) 中学生用コミュニケーション基礎スキル尺度の作成．教育心理学研究, 60：137-152.
豊田秀樹(1998) モデルの評価．共分散構造分析〔入門編〕．朝倉書店.
トレヴァーセン，エイケン，パプーディ，ロバーツ：中野茂，伊藤良子，近藤清美監訳(2005) 自閉症の子どもたち――間主観性の発達心理学からのアプローチ．ミネルヴァ書房．［Trevarthen, C., Aitken, K., Papoudi, D., and Robarts, J. (1998) Children with autism: diagnosis and interventions to meet their needs, Jessica Kingsley Publishers.］
Tucker, A., Javorski, S. Tracy, J., and Beale, B. (2013) The use of adventure therapy in community-based mental health: decreases in problem severity among youth clients. Child and Youth Care Forum, 42(2): 155-179.
Tucker, A., Paul, M., Hobson, J., Karoff, M., and Gass, M. (2016) Outdoor Behavioral Healthcare: Its impact on family functioning. Journal of Therapeutic Schools and Programs, 8(1): 21-40.
上原貴夫(1995) 不登校児童・生徒の人間関係形成に関する研究：キャンプ活動を通してみた人間関係形成について．人間関係学研究，2(1)：19-29.
浦崎武，武田喜乃恵(2017) 自閉症スペクトラム障害児の自己同一性の形成の解明と学齢期の関係発達的支援の開発――幼児期からの関係発達的支援および教育実践への展開に向けて．琉球大学教育学部発達支援教育実践センター紀要，8：35-56.

Walsh, V., and Gollins, G. (1976) An exploration of the Outward Bound process. Denver, CO: Outward Bound Publications.

渡邉仁，飯田稔(2005) キャンプ経験による女子高校生の自己概念の変容過程．野外教育研究，9(1)：55-66.

渡部未沙(2005) 継続面接における風景構成法の作品変化について．心理臨床学研究，22(6)：648-658.

Weeks, S. Z. (1984) The effects of Sierra II, an adventure probation program, Upon selected behavioral Variables of adolescent juvenile delinquents. Unpublished doctoral dissertation, University of Virginia.

Wenninger, S. (2012) Exploring the effectiveness of a behavioral remediation summer camp/or children with autism spectrum disorders. Retrieved from ProQuest.

Wichmann, T. F. (1990) Interpersonal problem solving and asocial behaviors in a therapeutic wilderness program. Unpublished doctoral dissertation, Southern Illinois University at Carbondale.

Williams, D. (1992) Somebody Somewhere: The extraordinary autobiography of an autistic girl. Doubleday.

ウィリアムズ：河野万里子訳(1993) 自閉症だったわたしへ．新潮社．[Williams, D. (1992) Somebody Somewhere.: The extraordinary autobiography of an autistic girl. Doubleday.]

Wing, L. (1976) Epidemiology and theories of aetiology. Early childhood autism(2nd ed), Oxford Pergamon Press.

Winterdyk, J. A. (1980) A wilderness adventure program as an alternative for juvenile probationers: An evaluation. Unpblished thesis, Simon Fraser University.

Winterdyk, J., and Griffiths, C. (1984) Wilderness experience programs: reforming delinquents or beating around the bush? Juvenile and Family Court Journal, Fall: 35-44.

Wright, A. N. (1982) Therapeutic potential of the Outward Bound process: An evaluation of a treatment program for juvenile delinquents. Unpublished doctoral dissertation, Pennsylvania State University.

矢島正見 (1986) 少年犯罪．四方壽雄編，犯罪学，学文社．

Yalom, I. D., and Leszcz, M. (2005) The theory and practice of group psychotherapy (5th ed.). Basic Books.

山田剛史・井上俊哉(2012) メタ分析入門：心理・教育研究の系統的レビューのために．東京大学出版会．

山上雅子(1999) 自閉症児の初期発達――発達臨床的理解と援助．ミネルヴァ書房．

山上雅子，古田直樹，松尾友久(2014) 関係性の発達臨床――子どもの〈問い〉の育ち．ミネルヴァ書房．

山中康裕(1996) 臨床ユング心理学入門．PHP新書．

Zabriskie, J. W. (1973) An evaluation of self-concept and social attitude of adjudicated delinquent males in specialized short term treatment programs. Unpublished doctoral dissertation, Boston University.

Zelov, R., Tucker, A. R., and Javorski, A. E. (2013) A new phase for the NATSAP PRN: Post-discharge reporting and transition to network wide utilization of the Y-OQ 2.0. Journal of Therapeutic Schools and Programs, VI: 7-19.

Zwart, T. J. (1988) The effect of a wilderness/adventure program on the self-concept, locus of control orientation and interpersonal behavior of delinquent adolescents. Unpublished doctoral dissertation, Western Michigan University.

おわりに

僕が「ウィルダネス・セラピー・プログラム」(Wilderness Therapy Program)という言葉を知ったのは，1993年にAEE (Association for Experiential Education；体験教育協会）から出版された*Adventure Therapy*という1冊と出会った時でした。アメリカでは，1960年頃から，キャンプが心理的な課題を抱える青少年のためにセラピーとして役立っていて，そのためのノウハウが蓄積され書籍としてまとめられていることに驚きを覚えました。と同時に，何か自分が探し求めていたものに出会えたことが嬉しい思い出として残っています。この書籍との出会いは，その後の自分にとって大きな励みになりました。

ところで，僕は筑波大学の野外運動研究室に所属し，主に教育キャンプ（以下キャンプと略します）を学びました。研究室に入るまでは，キャンプの何たるかについては全くの素人でした。キャンプは，当時の指導教員であった飯田稔先生（筑波大学名誉教授：体育学）にご指導いただきました。飯田先生が主催されるキャンプは，7月の中旬に始まって，8月の終わりまで5コースあり，その間，子どもたちを相手にキャンプ漬けの毎日でした。東北の自然豊かな山奥でみっちりとキャンプ指導（キャンプカウンセリング）を学びました。このキャンプとの出会いは，自分の第1の転機となりました。

大学院の時のことです。飯田先生は，当時わが国の社会問題となっていた不登校児（当時は登校拒否と呼ばれていました）を対象に，その効果を検証するプロジェクトを試みられました。プロジェクトは，飯田先生のほか，小田晋先生（筑波大学名誉教授：精神医学），松原達哉先生（東京福祉大学名誉学長：カウンセリング心理学）との共同研究でした。僕は，プログラムディレクターとして関わり，不登校児のキャンプを運営する機会を得ました。参加した不登校児は，不登校に至った原因や状況はさまざまで，当たり前ですが，１人として同じ子どもはいませんでした。日常生活で暴力をふるってしまう子，楽しいはずのキャンプなのに登山の当日になってトイレから出てこられなくなる子，キャンプでは元気に活動しているのに，日常に戻ると学校に登校できない子，等々。僕は，この不登校児たちを対象にしたキャンプを通じて，キャンプをセラピーと位置付けて実施する考え方の一端を学びました。飯田先生がおられなかったならば，本書は生まれなかったと思います。このような経緯から，本書は，まずは飯田先生の御机下に置かれるべきものと考えています。その後も多くの先生方からキャンプについて学びました。中でも橘直隆先生（元筑波大学教授），星野敏男先生（明治大学名誉教授）からは，キャンプカウンセリングの新たな視点を学びました。

ところで，僕は不登校児を対象にしたキャンプで，子どもたちを深く理解できないことにいら立ちを抱えていました。普通の子どもたちと何ら変わらない子どもたちが，なぜ問題行動をするのかがわかりませんでした。これまで学んできた，キャンプによる教育の知識だけでは，とても限界があると思いました。そこで，このような不登校児を対象にしている学問分野である臨床心理学を学ぶ必要性があることを強く感じ，関連書やカウンセリングの書籍を漁るように読みました。特に，河合隼雄先生（京都大学名誉教授）が著された書籍との出会いは，数多ある臨床心理学の理論の中でも大きな指針となりました。河合先生のお書きになった書籍は，どれも新鮮で，刺激的で，思慮深く，幾度目から鱗が落ちる経験をしたことか……。そしてちょうどこの頃，筑波大学体育系でスポーツ心理学を専門にされている中込四郎先生に出会うことになります。これが２度目の転機と言ってもよいかもしれません。このご縁は不思議なもので，偶然ですが中込先生は，河合先生と同じようなスタンスで臨床を実践されておられました。その後，週に１度の先生の勉強会に参加させていただくようになり，それは先生がご退職されるまで続きました。中込先生には，心理臨床の実践の場を与えていただくと同時に，多くのご示唆をいただきました。

ちょうどこの頃，文部科学省の在外研究で，アメリカのミシガン州立大で学ぶ機会を得ることができました。拙い英語しかできない僕を心よく受け入れて下さったDr. Betty van der Smissen先生には，感謝の念に堪えません。アメリカでの研究の中心は，キャンプセラピーを視察し，その効果を直に感じることでした。先生は，僕の視察に役立つプログラムのほとんどをアレンジして下さって，さらに関連の資料や書籍をことあるごとに紹介して下さいました。非行少年を対象にしたウィルダネス・セラピー・プログラム，精神科におけるセラピー・プログラム，１年にわたる長期キャンプセラピーなど，さまざまなキャンプセラピーを視察することができました。なかでも，非行少年を対象にした１ヵ月にわたるプログラムには，実際に参加することが許され，子どもたちと一緒に活動しました。それは２月のことでしたが，極寒の山中，子どもたちと日々トレイルを歩き，活動したことを忘れることができません。この経験によって初めて，最初にキャンプセラピーと出会った本*Adventure Therapy*とのつながりを感じることができました。

日本に帰国後，社会教育施設が主催する課題を抱える青少年を対象にしたキャンプに，心理士として帯同する機会を得ました。役割は，キャンプに参加した子どもたちを面接し，観察することによって，効果について評価することでした。その後，３年ほどこのキャンプを体験したあたりから，キャンプセラピーを自分で実践することを意識するようになりました（臨床心理士の資格を得たことも影響していたと思います）。そして研究室の大学院生であった吉松梓さん（現明治大学准教授）やOBであった渡邉仁君（現筑波大学助教）にスタッフとして関わっていただきながら，キャンプセラピーの実践を始めました。その中で，僕は多くの発達障碍の子どもたちに出会いました。キャンプの前半は，日常生活の課題を反復して表出させるものの，次第に，キャンプに適応し（時に衝突しながら，時に自然に），グループの中で変わってゆく様子に幾度となく出会いました。キャンプに適応することで，人と繋がりが生まれ，自己を確立してゆくようです。発達障碍そのものを治療することはできないかもしれませんが，彼らが自己成長してゆくことを目の当たりにしました。この時に，自然と人との体験が，彼らに肯定的に影響を与えることになんとなく確信を持つようになり，キャンプセラピーの効果を感じるようになりました。そしてこのように感じたことについて，事例研究や数量的な調査から裏付ける必要性があると思いました。データの収集には時間がかかりましたが，これまでの実践をまとめ，2022年に筑波大学大学院に学位論文『WTP型キャンプセラピーが発達障碍児の自己形成に及ぼす影響』として提出させていただきました。学位論文を書き上げるにあたっては，多くの方々の協力を得ましたが，とりわけ心よく調査に協力して下さった，キャンパー，あるいは保護者の皆様には，この場をかりて御礼申し上げます。本書はその学位論文を基に加筆修正したものです。

未だに発達障碍児を治療することは，困難なことかもしれません。そして今般のインクルーシブ社会を目指す議論では，発達障碍児たちのために社会が寛容になり，彼らに合わせた社会に変わってゆくべきであるといった声もあります。それはそれで，認めざるを得ないことかもしれません。しかしながら，拙いとはいえ，本研究の知見を踏まえると，キャンプセラピーを通じて変わってゆくことのできる発達障碍児も存在するのです。このような子どもたちは，社会的なスキルを身につけ，そして人と繋がり自己を育むことができるのです。本書を通じて，このことを少しでも理解していただけたら幸いです。発達障碍児自身の力を過小評価せず，彼らの成長を支援してゆくことを大切にしていただきたいと思います。

実際，キャンプセラピーは室内で行われるカウンセリングとは異なり，安易にできるものではないかもしれません。予測の難しい自然の中でのリスクマネジメントをしながら，子どもたちを見守ってゆかなければならないわけですから……。また，自然の中での野外活動の技能と体力が必要になります。加えて，心理臨床的技術のトレーニングも必要になります。いわゆるカウンセリング技術，あるいは，心理臨床的な見立てのことなどを学ぶ必要があります。しかし，まずは，あまり恐れずに，発達障碍の子ども，あるいは不登校や課題を抱える子どもたちとキャンプをしてほしいと思います。キャンプを楽しみにしている子どもたちはたくさんいるからです。

本書では，心理臨床的技術（カウンセリングや見立て）の具体的な方法論については，詳細に論じることができなかったと感じています。このことについては，他の書籍もぜひ参考にしていただきたいと思います。

最後になりますが，本書を上梓するにあたり，道和書院の片桐文子さんには，大変お世話になりました。この場をかりて御礼申し上げます。

8月15日

筑波大学

坂本昭裕

坂本昭裕（Akihiro Sakamoto）

1964年，富山県生まれ，1987年，筑波大学体育専門学群卒業。
1989年，同大学大学院体育研究科修了。博士（コーチング学），臨床心理士・公認心理師。1993年，図書館情報大学助手。1999年，ミシガン州立大学客員研究員。
2004年，筑波大学体育系に奉職。2012年，同大学体育系教授。
2020年より同大学大学院博士課程大学体育スポーツ高度化共同専攻長，現在に至る。
日本野外教育学会理事長。日本臨床心理身体運動学会理事。
共著に中込四郎ほか編集『シリーズ心理学と仕事 スポーツ心理学』（北大路書房），日本野外教育学会編『野外教育研究法』（杏林書院），中込四郎ほか編『情動と運動――スポーツとこころ』（朝倉書店），中込四郎ほか編『身体性コンピテンスと未来の子どもの育ち』（明石書店）ほか。

キャンプセラピーの実践
――発達障碍児の自己形成支援

2023年（令和５年）９月25日　初版第１刷発行

著者© = 坂本昭裕

発行者 = 片桐文子
発行所 = 株式会社 道和書院
〒184-0013　東京都小金井市前原町２-12-13
電話　042-316-7866
FAX　042-382-7279
装　幀 = 高木達樹
印　刷 = 大盛印刷株式会社

ISBN 978-4-8105-3602-7 C3011　Printed in Japan, Douwashoin Co.,Ltd
定価はカバー等に表示してあります

体育の学とはなにか

林 洋輔（著）

哲学者が問う，学問の未来。「身体教育」を超え，人間の身体活動すべてを射程におさめる総合科学。人文・社会・医科学に及ぶ全16分野を眺望し，目指すべき未来を探る。学会賞受賞論文を基にした書き下ろし大著。 3,800円

スポーツ事故の法的責任と予防 競技者間事故の判例分析と補償の在り方

日本スポーツ法学会 事故判例研究専門委員会（編）
望月浩一郎・棚村政行・入澤 充（編著）

「競技規則の範囲内でも重大な過失があれば法的責任が問われる」。スポーツ事故への対応が変化している。法理論を再検証し国内外の判例を分析，予防の道を探る。補償の現状，事故調査法等。執筆は弁護士など19名。 2,400円

健康論 大学生のためのヘルスプロモーション

電気通信大学 健康・スポーツ科学部会（編）
安藤創一，大河原一憲，岡田英孝，小熊妙子，狩野 豊，黒谷佳代，
栃木 衛，深澤浩洋，星野太佑（著）

パンデミックで加速する社会構造の大変革。その中で私達が心身ともに健やかに生きるためには。Well-beingの視点から新たな生命観，健康に対する考え方を提示する。『大学生のための「健康」論』を全面改訂した新版。 2,200円

健康・スポーツ科学の基礎知識〈第4版〉

スポーツサイエンスフォーラム（編）
二杉茂，西脇満，菊本智之，津田真一郎，小林義樹，上谷聡子，灘英世（著）

好評ロングセラーの最新版。スポーツ科学・健康科学のハンディなテキスト。基礎編，理論編，実践編の3部構成。特定の分野に偏らず，知識のみに頼らず，体を動かし，楽しみながら生涯にわたる健康づくりを目指す。 2,300円

臨床スポーツ心理学 アスリートのメンタルサポート

中込四郎（著）

アスリートとして活躍すること（現実適応：パフォーマンスの向上）と自分らしく生きること（個性化：パーソナリティの発達）。2つの課題を抱えるアスリートをサポートする方法を事例を通して探る。 3,400円

スポーツカウンセリングの現場から アスリートがカウンセリングを受けるとき

中込四郎・鈴木壯（編著）

アスリートへの心理サポートは競技力向上や実力発揮のためのメンタルトレーニングだけでなく，もっと広いニーズに応えうる。選手の心の充実（広がり・深まり）を目指すカウンセリングの実際を多数の事例で紹介。 2,400円

価格は本体価格。消費税別